Entraînement D

Améliorez votre mémoire, votre concentr;

Mettez à jour vos capacités de concentration.

Table des Matières

Auteur:
Olivier Dumond

Introduction

La mémoire des humains Quelle excellente pièce de machinerie - si elle fonctionne comme elle le devrait. Malheureusement, cela arrive trop souvent. Appelons-les simplement quelques bosses en cours de route.

Combien de fois les clés ont-elles été égarées ? Ou d'entrer dans une pièce pour prendre un objet pour finalement vous dire : "**Pourquoi suis-je venu ici ?**".

L'édition Internet est un ajout moderne à la mémoire à court terme défaillante. Prenez votre ordinateur portable ou votre smartphone pour rechercher quelque chose, juste pour être distrait, et oubliez la raison initiale de l'utilisation de votre ordinateur.

Oui, le 21e siècle vous donne de nombreuses occasions de démontrer à quel point votre mémoire est défaillante. Mais la bonne nouvelle est à l'horizon. De nombreuses méthodes, telles que, sont utilisées pour booster votre mémoire autant de fois que possible afin de tromper votre mémoire courte.

Les Bases De L'entraînement Cérébral

Tout le monde aimerait travailler au mieux avec son intelligence - qu'il s'agisse de sa vitalité pour suivre ses enfants ou son travail. Ce qui est passionnant, c'est que la science révèle ce qui fonctionne et ce qui ne fonctionne pas. L'entraînement de votre cerveau ne doit plus se résumer à un test et une erreur - essayer une chose, découvrir qu'elle ne fonctionne pas, et essayer une autre chose.

Les personnes qui utilisent leur cerveau de manière plus efficace ont tendance à avoir de meilleurs emplois, de meilleures relations, et des vies plus heureuses et plus réussies, et voici la chose passionnante : vous pouvez changer votre esprit et vos circonstances. Alors que l'on vous a peut-être dit pendant un certain temps que vous êtes coincé avec votre cerveau, la science a maintenant découvert que ce n'est pas valable !

La plasticité du cerveau - l'incroyable capacité du cerveau à s'adapter et à changer au cours de la vie - est un domaine passionnant et en pleine expansion, et ce qui est formidable, c'est que vous avez la possibilité de modifier votre cerveau pour l'aider à mieux fonctionner. L'entraînement cérébral ne doit pas nécessairement passer par un bouleversement majeur de la vie. Voici quelques conseils simples pour commencer :

- Pas le temps ? Transportez quelques myrtilles à l'écart, jouez à un jeu cérébral pendant que vous conduisez, et consacrez-y quelques minutes chaque jour.
- Pas d'énergie ? Découvrez les meilleures pratiques pour améliorer votre cerveau (votre corps vous remerciera aussi), profitez des bienfaits du thé vert et apprenez à connaître la capacité de votre cerveau à dormir.
- Pas de motivation ? Non seulement les amitiés augmentent l'inspiration, mais elles stimulent aussi les capacités de votre cerveau ! Consacrez seulement dix minutes à la socialisation pour bénéficier des mêmes avantages pour votre cerveau qu'une grille de mots croisés.

Connaître son cerveau

Vous avez entendu parler du cerveau gauche et du cerveau droit. Ok, le cerveau est constitué des hémisphères gauche et droit et a des fonctions distinctes. Bien que certaines personnes soient simplement "à cerveau gauche", tandis que d'autres sont "à cerveau droit", ce n'est pas nécessairement vrai.

Pour commencer, les compétences linguistiques se trouvent dans l'hémisphère gauche, et cette partie du cerveau est utilisée par tout le monde ! Vous n'avez pas à vous cacher derrière l'excuse d'être un cerveau droit pour ne pas vous souvenir des noms. Grâce aux activités proposées dans ce livre, vous atteindrez le maximum dans les deux moitiés de votre cerveau.

Il existe des acteurs clés dans le domaine de l'entraînement cérébral. Il est peut-être important de noter que les différents composants du cerveau ne fonctionnent pas seuls, mais qu'ils forment une équipe. Le reste profite toujours de l'entraînement d'une partie du cerveau. Vous pouvez considérer le cerveau comme un orchestre ou une équipe sportive. L'idée est la même : le reste de l'équipe ne peut pas être porté par un seul joueur vedette. Les deux doivent travailler ensemble.

mémoires courtes et longues

Votre cerveau stocke les informations que vous trouvez dans votre mémoire à court terme. Longue et courte. Vous transférez l'information dans votre mémoire à long terme lorsque vous la répétez souvent. En général, vous y avez accès pour toujours car elle se trouve dans votre mémoire à long terme.

Mémoire à long terme

Il s'agit de plusieurs types de souvenirs différents :

- Les souvenirs autobiographiques. Pour commencer, les souvenirs d'enfance et les événements marquants sont connus sous le nom de souvenirs autobiographiques. Ce type de souvenirs est très puissant et leur perte peut être un signe précoce de la maladie d'Alzheimer et de la démence. Vous pouvez faire beaucoup pour que ces souvenirs restent frais.
- La mémoire sémantique. Votre interprétation des faits et d'autres éléments d'information est connue sous le nom de "mémoire sémantique", qui est très utile pour transférer les nouvelles informations de la mémoire à court terme à la mémoire à long terme. Découvrez les stratégies qui fonctionnent le mieux.

- Pour la mémoire procédurale. La mémoire procédurale est une capacité inhérente à laquelle vous n'avez même pas besoin de penser, comme conduire une voiture ou écrire votre nom. Vous découvrirez comment automatiser de nouvelles choses pour aider le cerveau à travailler plus efficacement.

Mémoire à court terme

Elle est responsable de la mémorisation des connaissances verbales, visuelles et spatiales. En général, les gens ne se souviennent pas bien des éléments dans leur mémoire à court terme, même s'ils font un effort délibéré pour les "transférer" dans leur mémoire à long terme. Il existe quelques possibilités de tirer parti de votre mémoire à court terme.

- Verbale : Vous oubliez ce que vous avez dit au milieu d'une conversation ? Vous vous retrouvez en haut des escaliers et ne savez pas pourquoi vous êtes monté. Ces symptômes sont courants et ne suggèrent pas une perte de mémoire importante. Toutefois, si vous voulez garder votre cerveau en pleine forme, apprenez à préserver vos compétences linguistiques. Si vous voulez prévenir ou retarder la perte de mémoire en vieillissant, votre cerveau résoudra les symptômes de la maladie d'Alzheimer en vous gardant occupé.
- Visuel : Pourquoi certaines personnes vous semblent-elles si familières, alors que vous avez du mal à vous souvenir de leur nom ? Il s'agit d'un exemple de mémoire visuelle de travail. Utilisez des astuces pour entraîner votre cerveau à reconnaître les visages et autres informations visuelles.
- Spatial : Avez-vous toujours du mal à vous souvenir des directions ? La mémoire spatiale est la clé pour trouver le bon endroit plutôt que la mauvaise zone. Une astuce consiste à prendre une vue d'ensemble d'un nouvel endroit.

Construisez un cerveau sain.

Votre état d'esprit favorise le développement d'un cerveau équilibré. Êtes-vous heureux ? Êtes-vous heureux ? Êtes-vous déçu ? Êtes-vous stressé ? Qui vous inquiète ? Ces questions sont essentielles pour déterminer le bon fonctionnement du cerveau. Faites attention à votre bien-être mental - cela peut faire la différence entre une vie heureuse et une vie déprimante.

Ne prenez pas vos passions et vos hobbies trop au sérieux. Déterminez comment cela rendra le cerveau plus innovant. Ainsi, un cerveau plus intelligent est un cerveau plus innovant. Que vous soyez un fan de musique ou un chercheur en herbe, vous pouvez choisir parmi de nombreuses activités pour soutenir votre cerveau.

Vous devriez choisir d'être positif en ce qui concerne votre santé mentale. Vous pouvez honnêtement croire que le fait de changer de situation rendra votre vie plus facile ou même la changera pour vous. Pourtant, cela n'a jamais été le cas.

Il est facile de se laisser emporter par une foule d'éléments qui requièrent votre attention quotidiennement. Pourtant, dans ce monde en constante évolution, il est de plus en plus important de trouver le temps de calmer son cerveau et de se créer un espace de réflexion. Le temps de calme donne au cerveau d'énormes avantages. Il ne faut pas être une nonne ou un moine et passer des heures à profiter des bienfaits de la méditation. Selon les preuves scientifiques, même 10 minutes de méditation par jour peuvent avoir un impact significatif sur le fonctionnement du cerveau.

Un moyen idéal d'entraîner le cerveau est de le maintenir engagé socialement. Par le biais d'appels téléphoniques, de rencontres autour d'un café et de discussions sur le nouveau film, l'ouvrage montre les bienfaits des amitiés pour le cerveau.

Et les expériences en face à face ne sont pas les seules à avoir un effet positif. Les amitiés numériques peuvent également améliorer les capacités de votre cerveau ! La technologie numérique évolue, mais n'oubliez pas que tous les développements émergents ne sont pas bons pour votre cerveau. Vous ne profiterez de vos capacités de réflexion que si vous vous intéressez activement aux technologies modernes.

Devenir actif

Un mode de vie actif rend le cerveau plus efficace, plus apte à réagir au stress, à se souvenir des détails et à être plus attentif. Ce que vous mangez, quand vous faites de l'exercice, combien de temps vous dormez et combien de caféine vous buvez - tous ces éléments ont une incidence sur votre cerveau. Savoir comment faire des choix de routine dans ces domaines fera une énorme différence dans la façon dont le cerveau fonctionne. Alors, découvrez ce qui est réellement le mieux pour votre cerveau avant de prendre une bouchée de votre sandwich et de déguster un autre verre de vin. Voici quelques conseils et techniques contenus dans ce livre :

- Mangez pour votre santé. Du chocolat pour améliorer le cerveau ? Du jus de fruits pour aider votre cerveau à se concentrer ? Manger des aliments pour le cerveau n'implique pas de manger des salades et des aliments fades. En revanche, de nombreux aliments savoureux et merveilleux sont remplis de nutriments qui rendent votre cerveau fantastique.
- Faites-vous aider pour les stimulants. La caféine et les narcotiques sont tous deux des couteaux à double tranchant. Les stimulants peuvent permettre au cerveau de mieux fonctionner dans certaines situations. Néanmoins, toutes ces possibilités ont un prix. Tous les stimulants ne sont pas identiques, et au lieu d'améliorer le cerveau, vous pourriez finir par le blesser.
- Vous allez le pousser ! Si vous pensez que le segment du fitness vous fera sentir mal si vous n'avez pas d'abonnement à une salle de sport, ne vous inquiétez pas. Ce n'est pas le cas. Ce ne sera pas le cas. Au contraire, vous découvrirez comment le cerveau réagit également à l'exercice physique, comment la fatigue et la perte de mémoire peuvent être évitées, et comment le corps peut être guéri plus facilement.

Puissance Cérébrale Et Mémoire

Le pouvoir du cerveau

Le cerveau est l'entité la plus sophistiquée au monde. Des millions de messages circulent en permanence dans votre système nerveux, aidant votre cerveau à absorber, traiter et donner des instructions à votre corps. Votre cerveau peut faire tellement plus que vous ne le faites. Prenez un moment pour considérer toutes les choses que les gens fabriquent. Du plus ancien appareil, tel qu'un gratte-ciel, au plus récent gratte-ciel, et du plus grand barrage à la plus petite puce électronique, c'est le cerveau humain qui a conçu toutes ces choses. Le cerveau est la ressource la plus puissante connue de l'humanité. Le cerveau fonctionne 24 heures sur 24. Il consomme chaque jour plus d'électricité que tous les téléphones portables du monde. Il y a des milliards de petites cellules nerveuses du cerveau qui communiquent dans des permutations calculées, pour faire la somme de 1 à 800 zéros derrière. (Pour rendre cela quelque peu compréhensible, on détermine que le nombre d'atomes dans le monde - l'un des plus petits matériaux sur lesquels nous pouvons travailler - a 48 zéros derrière lui).

Forces et faiblesses

Pourquoi certains d'entre nous ont-ils oublié ? Pourquoi certains d'entre nous ont-ils du mal à lire les cartes ? Pourquoi aucun d'entre nous n'a le sens du rythme ? Peut-être ne serions-nous pas confrontés à ces difficultés si toutes les opérations "thermiques" se déroulaient dans notre tête. Considérons le cerveau comme un champ de foire animé, avec de nombreux manèges et la capacité de lire des cartes. Pourquoi aucun d'entre nous n'a-t-il le sens du rythme ? Peut-être ne serions-nous pas confrontés à ces difficultés si toutes les opérations de "chaleur" se déroulaient dans notre tête. Imaginez le cerveau comme une fête foraine animée avec toute une série de manèges et d'attractions, chacun représentant une zone différente du cerveau, et reconnaissez les personnes comme de petites cellules nerveuses, ou "neurones". Or la popularité des différentes attractions varie d'un centre d'exposition à l'autre ; un manège sur un terrain d'exposition attire plus de monde qu'un manège sur un autre.

Dans le cerveau, le "lobe commun" est la partie du cerveau où l'activité des "cellules nerveuses" est la plus importante. Cette croissance est fortement influencée par le type d'éducation que nous recevons dans notre enfance. Un individu peut être doué pour la lecture de cartes, un autre peut être plus imaginatif, et un troisième peut être plus logique. Il s'agit bien sûr d'une comparaison superficielle, car les différentes régions du cerveau fonctionnent ensemble pour certaines tâches, et une seule zone domine, mais elle montre à quel point le cerveau varie d'une personne à l'autre. En bref, l'école et la biologie sont en jeu. Ne soyez pas trop dur avec vous-même si vous pensez être mauvais en maths ou nul en langues.

Vous avez toutes les chances de réussir dans une autre région. Cela ne signifie pas pour autant que vous ne pouvez pas développer une capacité intellectuelle que vous croyez plus faible. Il est injuste de croire que, simplement parce que vous n'aimez pas vraiment les mathématiques ou la lecture de cartes, vous ne pouvez pas aspirer à changer cela. Votre cerveau est semblable à n'importe quel muscle de votre corps qui accroît votre énergie. Vous devriez toujours aspirer à développer et à améliorer votre capacité mentale actuelle.

Imaginez le cerveau

Un champignon géant en caoutchouc ressemble un peu à un cerveau. Un cerveau adulte a un poids moyen d'environ 1,5 kg. 5 oz. (1,5 kg).

Le cerveau est divisé en deux hémisphères : le droit et le gauche. Ceux-ci sont reliés par une unité centrale de traitement appelée le corps calleux.

- L'arrière est le lobe occipital, qui gère une grande partie de votre sens visuel. Chaque moitié est divisée en quatre autres compartiments.
- Les lobes temporaux, qui sont impliqués dans la coordination des sons, de la mémoire, de l'expression et des réponses émotionnelles, se trouvent juste derrière chaque oreille.
- Le lobe pariétal, situé au sommet du cerveau, gère les sensations telles que le toucher, la conscience du corps, la douleur, la pression et la température corporelle. Ils vous aident également à vous orienter dans votre pièce.
- Les lobes frontaux situés derrière le front sont considérés comme l'origine de notre personnalité. La partie supérieure des lobes frontaux aide à résoudre les problèmes, à déclencher des réactions involontaires, à se souvenir des souvenirs, à évaluer et à contrôler les impulsions. Elle module notre comportement social et sexuel. Cet

environnement est plus humain que celui de toute autre espèce.

Le système limbique

Dans chaque hémisphère, un ensemble de structures se trouve à l'intérieur des crêtes et des sillons, formant ce qu'on appelle le système limbique. Ce système comprend l'amygdale, l'hypothalamus et le thalamus.

Ces sections activent les impulsions, les appétits, les instincts, les sentiments de douleur et de joie, et d'autres pulsions importantes pour notre survie. L'amygdale est à l'origine de réactions émotionnelles comme l'anxiété ou l'euphorie, car elle est le centre de contrôle des signaux entre le cerveau et le corps, qui provoquent l'augmentation de la pression sanguine lorsque nous sommes contrariés, par exemple. Les entrées sensorielles audio et visuelles sont reçues par le thalamus et transmises à la couche externe du cerveau, appelée cortex cérébral, où les informations sont stockées. L'hippocampe est important pour l'apprentissage et le rappel de la disposition spatiale. Tout à l'arrière du cerveau se trouve le cerveau qui, avec le tronc cérébral, est transféré et équilibré ; c'est le premier cerveau hérité de nos ancêtres primitifs. Il nous maintient en vie en contrôlant nos processus corporels involontaires, notamment la respiration et la digestion.

Que sont les neurones ?

Les dendrites sont des "récepteurs", et les axones des "émetteurs". En outre, les neurones ne sont pas connectés mais sont interconnectés. Lorsque les neurones interagissent, les neurotransmetteurs, des substances chimiques contenant des signaux, ou "messages électrostatiques", remplissent les trous des points de contact. La gaine de myéline sert d'isolant et augmente la vitesse et l'effet de l'impulsion.

Qu'est-ce que l'intelligence ?

Maintenant que nous avons présenté le cerveau, parlons de l'intelligence ou de ce qui vous rend intelligent. L'intelligence est un concept difficile à définir. Pour différentes personnes, elle peut signifier différentes choses. La communauté scientifique discute de son importance depuis longtemps, et sa signification précise ainsi que les moyens de la calculer sont encore controversés.

Le test de "QI" était autrefois considéré comme le moyen le plus simple d'évaluer l'intelligence. Toutefois, il est désormais communément admis qu'il ne vérifie que différentes branches de l'intellect (voir ci-contre). La principale chose à garder à l'esprit est que l'intelligence ne se résume pas à l'excellence ou à de vastes connaissances générales dans un petit domaine académique, ni même à une orthographe ou à des mathématiques solides. Toutes ces choses sont intellectuelles, mais elles ne sont pas intelligentes. La connaissance représente une capacité plus large et plus profonde à saisir les différents enjeux de notre monde, à suivre, à sentir les enjeux ou à trouver quoi faire dans une situation donnée. Il s'agit d'être capable d'évaluer, de visualiser, d'inventer et d'exécuter efficacement des concepts en termes concrets.

st, et s de l'intelligence

Il existe d'innombrables types d'intelligence, comme la capacité de raisonner, de planifier, de résoudre des problèmes, de penser de manière abstraite, d'interpréter des concepts, d'utiliser des mots et d'apprendre. L'intelligence des individus peut également être définie par leur capacité à s'adapter à un nouvel environnement, leur capacité à développer des relations stables ou leur capacité à générer des idées originales et innovantes. En outre, des sources d'intelligence plus courantes pourraient être mises en évidence. Par exemple, une personne qui excelle dans un sport particulier fait preuve d'un haut niveau d'intelligence kinesthésique, tandis qu'une personne capable d'affiner la mélodie et le rythme possède un haut niveau d'intelligence musicale. À cet égard, Johann Sebastian Bach et David Beckham pourraient être considérés dans leurs domaines respectifs comme des personnes très intelligentes.

Que sont les neurones ?

Les dendrites sont des "récepteurs", et les axones des "émetteurs". En outre, les neurones ne sont pas connectés mais sont interconnectés. Lorsque les neurones interagissent, les neurotransmetteurs, des substances chimiques contenant des signaux, ou "messages électrostatiques", remplissent les trous des points de contact. La gaine de myéline sert d'isolant et augmente la vitesse et l'effet de l'impulsion.

Qu'est-ce que l'intelligence ?

Maintenant que nous avons présenté le cerveau, parlons de l'intelligence, ou de ce qui vous rend intelligent. L'intelligence est un concept difficile à définir. Pour différentes personnes, elle peut signifier différentes choses. La communauté scientifique discute de son importance depuis longtemps, et sa signification précise ainsi que les moyens de la calculer sont encore controversés.

Le test de "QI" était autrefois considéré comme le moyen le plus simple d'évaluer l'intelligence. Toutefois, il est désormais communément admis qu'il ne vérifie que différentes branches de l'intellect (voir ci-contre). La principale chose à garder à l'esprit est que l'intelligence ne se résume pas à l'excellence ou à de vastes connaissances générales dans un petit domaine académique, ni même à une orthographe ou à des mathématiques solides. Toutes ces choses sont intellectuelles, mais elles ne sont pas intelligentes. La connaissance représente une capacité plus large et plus profonde à saisir les différents enjeux de notre monde, à suivre, à sentir les enjeux ou à trouver quoi faire dans une situation donnée. Il s'agit d'être capable d'évaluer, de visualiser, d'inventer et d'exécuter efficacement des concepts en termes concrets.

st, et s de l'intelligence

Il existe d'innombrables types d'intelligence, comme la capacité de raisonner, de planifier, de résoudre des problèmes, de penser de manière abstraite, d'interpréter des concepts, d'utiliser des mots et d'apprendre. L'intelligence des individus peut également être définie par leur capacité à s'adapter à un nouvel environnement, leur capacité à développer des relations stables ou leur capacité à générer des idées originales et innovantes. En outre, des sources d'intelligence plus courantes pourraient être mises en évidence. Par exemple, une personne qui excelle dans un sport particulier fait preuve d'un haut niveau d'intelligence kinesthésique, tandis qu'une personne capable d'affiner la mélodie et le rythme possède un haut niveau d'intelligence musicale. À cet égard, Johann Sebastian Bach et David Beckham pourraient être considérés dans leurs domaines respectifs comme des personnes très intelligentes.

Que sont les neurones ?

Les dendrites sont des "récepteurs", et les axones des "émetteurs". En outre, les neurones ne sont pas connectés mais sont interconnectés. Lorsque les neurones interagissent, les neurotransmetteurs, des substances chimiques contenant des signaux, ou "messages électrostatiques", remplissent les trous des points de contact. La gaine de myéline sert d'isolant et augmente la vitesse et l'effet de l'impulsion.

Qu'est-ce que l'intelligence ?

Maintenant que nous avons présenté le cerveau, parlons de l'intelligence, ou de ce qui vous rend intelligent. L'intelligence est un concept difficile à définir. Pour différentes personnes, elle peut signifier différentes choses. La communauté scientifique discute de son importance depuis longtemps, et sa signification précise ainsi que les moyens de la calculer sont encore controversés.

Le test de "QI" était autrefois considéré comme le moyen le plus simple d'évaluer l'intelligence. Toutefois, il est désormais communément admis qu'il ne vérifie que différentes branches de l'intellect (voir ci-contre). La principale chose à garder à l'esprit est que l'intelligence ne se résume pas à l'excellence ou à de vastes connaissances générales dans un petit domaine académique, ni même à une orthographe ou à des mathématiques solides. Toutes ces choses sont intellectuelles, mais elles ne sont pas intelligentes. La connaissance représente une capacité plus large et plus profonde à saisir les différents enjeux de notre monde, à suivre, à sentir les enjeux ou à trouver quoi faire dans une situation donnée. Il s'agit d'être capable d'évaluer, de visualiser, d'inventer et d'exécuter efficacement des concepts en termes concrets.

st, et s de l'intelligence

Il existe d'innombrables types d'intelligence, comme la capacité de raisonner, de planifier, de résoudre des problèmes, de penser de manière abstraite, d'interpréter des concepts, d'utiliser des mots et d'apprendre. L'intelligence des individus peut également être définie par leur capacité à s'adapter à un nouvel environnement, leur capacité à développer des relations stables ou leur capacité à générer des idées originales et innovantes. En outre, les sources d'intelligence les plus courantes pourraient être mises en évidence. Par exemple, une personne qui excelle dans un sport particulier fait preuve d'un haut niveau d'intelligence kinesthésique, tandis qu'une personne capable d'affiner la mélodie et le rythme possède un haut niveau d'intelligence musicale. À cet égard, Johann Sebastian Bach et David Beckham pourraient être considérés dans leurs domaines respectifs comme des personnes très intelligentes.

Entraînement du cerveau et intelligence

Selon des études menées par l'université du Michigan, un programme d'entraînement cérébral efficace permet d'améliorer les connaissances générales, de renforcer la mémoire de travail et d'améliorer les capacités générales de résolution de problèmes. Après avoir mesuré les capacités mentales des sujets à l'aide d'un large éventail de tests cognitifs, les chercheurs ont donné une sélection d'exercices d'entraînement cérébral aux sujets. Les quatre classes ont reçu cet entraînement mental, qui a consisté à répéter les exercices pendant 8, 12, 17 ou 19 jours. Après l'exercice, les chercheurs ont testé l'intelligence des sujets.

Alors que les performances du groupe non entraîné se sont légèrement améliorées, les sujets entraînés ont montré des progrès substantiels, qui ont augmenté avec le temps. Cela signifie qu'un bon programme d'entraînement cérébral permet d'améliorer efficacement l'intelligence.

Je cherche à apprendre

Que savez-vous de votre sens de la vue ? En cherchant à apprendre Ok, la plupart des psychologues pensent que votre sens visuel représente environ 75 % de votre pensée. Prenez Sweetheart, par exemple. Ils acquièrent des caractéristiques en étudiant les choses que les gens font dans leur monde à travers leurs yeux inquisiteurs ; ils traitent et perçoivent les expressions faciales et les mouvements physiques. Les bébés peuvent dire d'un seul regard si leur mère est heureuse ou en colère contre eux. Cela n'a aucun effet. Imaginez deux hommes qui sortent ensemble lors de leur premier rendez-vous. Quelle attention portez-vous à la conversation, et combien de temps passez-vous à lire le langage de l'autre ?

Il n'est pas surprenant que vous recueilliez beaucoup d'informations par la vue, car environ 40 % de votre cerveau s'occupe des matériaux et du traitement visuels. La plupart des gens connaissent, en moyenne, le nom d'environ 10 000 objets et peuvent les identifier par leur propre type.

Le sens visuel

Votre sens visuel est important pour interagir avec le monde qui vous entoure. Le sens visuel Lorsque la plupart des enfants ont six ans, on estime qu'ils ont déjà appris le nom d'un cinquième des objets qu'ils connaîtront au cours de leur vie. Selon les études, la stimulation visuelle est celle qui contribue le plus au développement du cerveau et qui rend plus complexe, tant chez les jeunes que chez les adultes. La capacité à recueillir des connaissances à partir de formes visuelles plus abstraites telles que les tableaux, les graphiques, les toiles, les cartes et les diagrammes est propre à l'humanité. Ces sources d'information doivent vous permettre de trouver le contexte, de réorganiser et de regrouper des éléments connexes, ainsi que de comparer et d'évaluer différentes informations. Le sens visuel est certainement le plus puissant et est couramment utilisé dans l'apprentissage.

Suivre des cours

L'avantage de la partie visuelle de votre cerveau est que lorsque vous voyez quelque chose, vous voulez en créer un souvenir. Par exemple, si vous voulez apprendre une séquence de danse en regardant quelqu'un d'autre la réaliser, votre cerveau peut absorber, analyser et ensuite tenter de stocker les connaissances visuelles. Cette mémoire peut ensuite être utilisée pour pratiquer et améliorer les compétences. Laissez votre sens visuel s'enthousiasmer à l'idée d'apprendre quelque chose de nouveau.

La mémoire est tout

Notre esprit nous joue-t-il des tours ? Cela pourrait sembler être le cas si nous pouvons raconter un événement joyeux ou tragique de notre enfance et que nous ne nous souvenons pas du nom de quelqu'un que nous avons rencontré hier. Ou bien nous pouvons nous souvenir de l'intégralité du texte d'un album que notre groupe et notre maison de disques préférés ont sorti et oublier quelque chose d'aussi basique que de tourner la vis pour la desserrer. Comment notre mémoire est-elle ciblée ? Est-ce parce que notre mémoire a une capacité limitée, et que c'est donc nous qui décidons quelles informations nous devons retenir et celles que nous devons écarter ? Si tel est le cas, est-il possible de trouver des moyens de stimuler notre mémoire ? Peut-être devrions-nous répondre à ces questions jusqu'à ce que nous comprenions ce qu'est la mémoire.

Qu'est-ce que la mémoire ?

La mémoire constitue une partie essentielle de votre intellect. Tout ce que vous savez est structuré ou traité d'une manière ou d'une autre. Ce qui détermine si vous avez une bonne ou une mauvaise mémoire, c'est la constance avec laquelle vous accédez à ces connaissances. Les chercheurs ont cherché un emplacement dans le cerveau où les souvenirs sont stockés afin de classer l'hippocampe et le rhinocortex. Cependant, contrairement à ce que beaucoup d'entre nous peuvent croire, des travaux récents indiquent que la mémoire ne peut être rattachée à une partie particulière du cerveau. En réalité, il est erroné de considérer la mémoire comme une installation de stockage remplie de tout ce que l'on a appris et comme un endroit où l'on peut recueillir des informations. La mémoire n'est pas un emplacement ; c'est une opération, une expérience, et vous la trouvez vraiment précieuse lorsque vous vous souvenez de quelque chose qui est reconstitué à partir de souvenirs. Votre mémoire est limitée et interprétative, et ses fonctions sont réparties dans tout le cerveau. Deux personnes qui sont témoins d'un même événement en feront un rapport complètement différent. En bref, vous vous souvenez d'un événement plus clairement que des détails réels en raison de ce qu'il signifie pour vous.

Est-il possible d'améliorer la mémoire ?

Totalement ! Totalement ! La mémoire peut être entraînée, renforcée et entretenue. Les informations stockées dans votre esprit dépendent du sens que vous leur donnez. Par exemple, si elle est liée à une expérience personnelle ou à une émotion, vous vous en souviendrez probablement davantage. Vous améliorerez votre mémoire en fournissant les informations que vous souhaitez vous rappeler. La mémoire fonctionne de la manière suivante

- rendre quelque chose de mémorable
- Organiser et préserver cet élément de connaissance mémorable
- de s'en souvenir de manière fiable à un moment donné.

Le mythe de la mémoire

Le mythe que nous entendons le plus souvent est que la mémoire se détériore avec l'âge. Ce mythe est faux. C'est faux. Lorsque le cerveau est constamment activé, elle peut s'améliorer avec l'âge. Des personnes dans les années 1980 et 1990 peuvent avoir la même puissance de mémoire que des personnes à moitié âgées. En vieillissant, les cellules du cerveau ne meurent pas. Le psychologue Tony Busan nous dit : "Les moments de sénilité sont plutôt liés à un état d'esprit absent qu'à une mémoire absente". Les plus grandes forces de remémoration ne se trouvent généralement pas chez les jeunes, mais chez ceux qui continuent à améliorer leur cognition tout au long de leur vie. Les personnes âgées qui travaillent de manière créative, apprennent de nouvelles compétences et restent physiquement actives seront généralement plus fortes mentalement que les personnes plus jeunes qui ne font pas ces choses. L'entraînement cérébral constitue une bonne préparation cognitive. C'est l'occasion d'entraîner votre cerveau et d'augmenter votre mémoire. Retournez-vous pour vous entraîner à tirer.

Comment fonctionne la mémoire ?

Avant de passer aux conseils, examinons les trois types de mémoire dont vous avez besoin pour obtenir et conserver des informations.

Mémoire sensorielle

Vous recevez des informations par les sens, comme la vision et l'audition, et vous les retenez pendant une seconde ou deux lors du traitement. Vous perdez rapidement ce que vous avez oublié, et il ne peut être remplacé comme le son se dissout. Notez que vous pouvez parfois capter l'écho d'une expression ou d'un regard sur quelqu'un que vous connaissez si vous n'y prêtez pas vraiment attention, mais sur le moment, c'est parti.

Mémoire à court terme

Lorsque vous prêtez attention à quelque chose, les données sont déplacées vers votre mémoire à court terme, et vous ne pouvez enregistrer que sept données au maximum à la fois. Par exemple, vous ne pouvez vous souvenir des chiffres d'un compte bancaire sur Internet ou d'un code pin qu'aussi longtemps que vous en avez besoin en utilisant cette mémoire. Seule une nouvelle information est nécessaire pour remplacer une ancienne, car la mémoire à court terme est "complète", les processus neuronaux (significations et associations) n'ayant pas été développés pour permettre le rappel ultérieur de l'information. Certains scientifiques affirment que l'évolution a réduit cette mémoire. Pourriez-vous imaginer retenir tous les détails visuels en une journée ? Et si vous gardiez une liste de tous les étrangers que vous avez croisés et de tous les signes que vous avez lus ? Le cerveau finirait par être débordé. Une mémoire de travail minimale a l'avantage de vous permettre de vous concentrer sur la tâche à accomplir.

Mémoire à long terme

Qu'est-ce qui rend les informations de la mémoire à long terme durables ? Grâce aux processus de répétition et d'association significative, toute information peut être enregistrée dans cette mémoire. Une fois traités, les détails peuvent être retrouvés des semaines, des mois, voire des années plus tard. Pour y parvenir, vous devez établir le plus grand nombre possible de connexions afin d'augmenter le nombre de points de départ pour la récupération de la mémoire. Lorsque vous considérez, examinez et analysez des informations, des liens sont créés. La Connexion fait notamment appel à votre mémoire visuelle (illustrée dans la méthode de voyage de la page 36), un moyen efficace de se souvenir d'une liste de choses différentes. Une chose que nous savons sur la mémoire, c'est que l'on a plus de chances de se souvenir d'une information si elle est liée à une expérience ou une émotion personnelle. Pensez à un anniversaire si vous n'êtes pas convaincu. De quoi vous souvenez-vous : le 10, le 15, le 18 ou le 21 ? De quoi vous souvenez-vous ? C'est probablement votre 18e ou 21e anniversaire, en raison de son importance.

Des moyens naturels pour améliorer votre mémoire

Tout le monde a des moments d'oubli de temps en temps, en particulier lorsque la vie est chargée. Bien qu'il s'agisse d'un phénomène tout à fait naturel, il peut être frustrant d'avoir une mauvaise mémoire. La génétique joue un rôle dans la perte de mémoire, notamment dans les maladies neurologiques graves comme la maladie d'Alzheimer. La recherche a également montré que l'alimentation et le mode de vie peuvent avoir un effet majeur sur la mémoire. Il existe 14 façons d'améliorer spontanément votre mémoire, fondées sur des preuves.

Consommez moins de sucre ajouté.

La consommation d'une telle quantité de sucre ajouté a été associée à de nombreux problèmes de santé et maladies chroniques, notamment la détérioration des fonctions cognitives et la consommation d'une quantité moindre de sucre ajouté. Des recherches ont démontré qu'un régime riche en sucre peut entraîner des troubles de la mémoire et une réduction du volume cérébral, en particulier dans la région du cerveau où s'exerce la mémoire à court terme. Une étude menée auprès de plus de 4 000 participants a par exemple révélé que les personnes ayant une consommation élevée de boissons sucrées telles que les sodas ont un volume cérébral global plus faible et une mémoire moins bonne que les personnes moins sucrées. Réduire la consommation de sucre améliore non seulement votre mémoire, mais aussi votre bien-être général.

Consommez des suppléments d'huile de poisson.

L'acide eicosapentaénoïque, les acides gras oméga-3 (EPA) et les acides gras oméga-3 docosahexaénoïques (DHA) se trouvent tous dans l'huile de poisson. Ces éléments sont essentiels pour la santé générale et il a été démontré qu'ils réduisent le risque de maladie cardiaque, diminuent l'inflammation, atténuent le stress et l'anxiété et minimisent le déclin mental. De nombreuses études ont montré que la prise de poisson et de suppléments d'huile de poisson peut aider les gens, en particulier les personnes âgées, à mieux se souvenir des choses.

Une étude portant sur 36 adultes âgés souffrant de troubles cognitifs modérés a montré que la prise de suppléments d'huile de poisson concentrée pendant 12 mois faisait une grande différence dans leur mémoire à court terme et leur mémoire de travail.

L'examen récent de 28 études a montré que les adultes souffrant de pertes de mémoire modérées qui prenaient des suppléments riches en DHA et en EPA, comme l'huile de poisson, avaient une meilleure mémoire épisodique.

Le DHA et l'EPA sont tous deux importants pour la santé et le fonctionnement du cerveau. Ils contribuent également à réduire l'inflammation dans l'organisme, qui est liée à la perte de mémoire.

Prévoyez du temps pour la méditation.

Les activités de méditation peuvent avoir de nombreux effets positifs sur votre santé. Elle permet de se détendre et de s'apaiser, de réduire la tension et l'inconfort associé, d'abaisser la tension artérielle et même d'améliorer la mémoire.

Oui, la méditation a montré que la matière grise augmente dans le cerveau. La matière grise comprend les corps cellulaires des neurones.

La matière grise diminue avec l'âge, ce qui a un impact négatif sur la mémoire et la cognition.

Il a été démontré que les méthodes de méditation et de relaxation améliorent la mémoire des personnes de tous âges, de 20 ans aux personnes âgées. Par exemple, une étude a révélé que les étudiants taïwanais qui pratiquent des activités de méditation comme la concentration ont une bien meilleure mémoire du travail spatial que les étudiants qui ne méditent pas. La mémoire de travail spatiale est la capacité à se souvenir et à stocker dans son esprit des informations sur des objets situés dans l'espace.

Maintenez votre poids santé.

Maintenir un poids sain est important pour votre bien-être et constitue l'un des moyens les plus simples de garder votre corps et votre esprit en bonne forme. Plusieurs études ont montré que l'obésité est un facteur de risque de troubles cognitifs. Il est intéressant de noter que l'obésité peut en fait modifier les gènes liés à la mémoire du cerveau, influençant ainsi la mémoire.

L'obésité peut également contribuer à la résistance à l'insuline et à l'inflammation, ce qui peut avoir des effets négatifs sur le cerveau. Une étude portant sur 50 personnes âgées de 18 à 35 ans a montré qu'un indice de masse corporelle plus élevé était lié à des résultats nettement meilleurs aux tests de mémoire.

L'obésité est également liée à un risque plus élevé de maladie d'Alzheimer, une maladie qui s'aggrave avec le temps et qui nuit à la mémoire et aux fonctions cérébrales.

Dormez suffisamment.

Le manque de sommeil adéquat est depuis longtemps lié à une mauvaise mémoire.

Le sommeil joue un rôle important dans la consolidation des souvenirs, c'est-à-dire le processus par lequel les souvenirs à court terme deviennent plus forts et plus permanents.

Il est prouvé que le manque de sommeil pourrait avoir un effet néfaste sur votre mémoire. Une étude, par exemple, a examiné l'impact du sommeil sur 40 enfants âgés de 10 à 14 ans.

Un groupe d'enfants a été éduqué à l'entraînement de la mémoire la nuit précédente et contrôlé après le sommeil le lendemain matin. Le même jour, l'autre groupe a été conditionné et contrôlé sans dormir pendant l'exercice et les tests. Lors des tests de rappel, le groupe qui avait dormi pendant l'entraînement et les tests a obtenu des résultats supérieurs de 20 %.

Une autre étude a montré que les infirmières de nuit commettaient davantage d'erreurs statistiques et obtenaient de moins bons résultats aux tests de mémoire que les infirmières de jour (68 %).

Les professionnels de la santé recommandent aux adultes de dormir entre 7 et 9 heures chaque nuit pour une sécurité optimale.

Résumé : La recherche établit une corrélation constante entre un sommeil adéquat et une meilleure efficacité de la mémoire. Le sommeil favorise la consolidation des souvenirs. Vous serez également plus performant dans les tests de mémoire si vous êtes bien reposé que si vous ne dormez pas suffisamment.

Pratiquer la pleine conscience

Il s'agit d'un état d'esprit dans lequel vous prêtez attention à ce qui se passe en ce moment tout en étant conscient de votre environnement et de vos sentiments.

La méditation fait appel à la concentration, mais les deux ne sont pas identiques. La méditation est une activité plus organisée, tandis que la concentration est une habitude mentale que vous pouvez utiliser dans n'importe quelle situation.

Des études ont montré que la concentration réduit le stress et augmente la concentration et la mémoire.

Une étude menée auprès de 293 étudiants en psychologie a révélé que ceux qui avaient reçu un enseignement sur la conscience se souvenaient mieux des choses que ceux qui n'en avaient pas reçu.

L'attention a également été associée à un risque moindre de déclin cognitif lié à l'âge et à une amélioration générale du bien-être psychologique. Intégrez des moyens d'accroître votre attention dans votre routine quotidienne. Concentrez-vous sur votre respiration et redressez doucement votre attention lorsque votre esprit vagabonde.

RÉSUMÉ : Les techniques d'attention sont associées à une augmentation des performances de la mémoire. L'attention est également liée à un âge cognitif réduit.

Réduisez votre consommation d'alcool.

L'excès d'alcool peut avoir un effet négatif sur votre santé et votre mémoire.

Le binge drinking est une habitude de consommation qui augmente la concentration d'alcool dans le sang à 0,08 gramme par ml ou plus. Des recherches ont montré qu'elle modifie le cerveau et contribue à des déficits de mémoire.

Selon une étude menée auprès de 155 étudiants, ceux qui avaient bu six verres ou plus en peu de temps (une fois par semaine ou par mois) avaient plus de mal à se souvenir des choses immédiatement et dans le futur que ceux qui n'avaient jamais bu.

Les effets de l'alcool sur le cerveau sont toxiques. Les épisodes répétés de beuverie endommagent l'hippocampe, qui est une partie essentielle de la mémoire du cerveau.

S'il est tout à fait sain de boire un verre ou deux de temps en temps, éviter la consommation excessive d'alcool est un bon moyen de protéger votre cerveau.

*Résumé : L'*alcool affecte la neurotoxicité du cerveau, notamment la perte de mémoire. De temps en temps, une consommation modérée d'alcool ne pose pas de problème, mais la consommation excessive d'alcool peut endommager l'hippocampe, qui est une région cruciale du cerveau pour la mémoire.

Faites travailler votre cerveau.

Faire travailler son cerveau en jouant à des jeux cérébraux est un moyen pratique et efficace d'augmenter sa mémoire. Les mots croisés, les jeux de rappel de mots, Tetris et même les applications mobiles sont de bons moyens de préparer la mémoire. Une étude portant sur 42 adultes souffrant de troubles cognitifs légers a montré que le fait de jouer à des jeux dans le cadre d'un programme d'entraînement cérébral pendant huit heures sur quatre semaines améliorait les performances aux tests de mémoire.

Une autre analyse portant sur 4 715 personnes a révélé que leur mémoire à court terme, leur mémoire de travail, leur attention et leur capacité à résoudre des problèmes s'amélioraient considérablement par rapport à un groupe témoin lorsqu'elles suivaient un programme d'entraînement cérébral en ligne pendant au moins 15 minutes, cinq jours par semaine.

En fait, il a été démontré que les jeux d'entraînement cérébral réduisent le risque de démence chez les personnes âgées.

RÉSUMÉ : Les jeux qui contribuent à renforcer votre esprit et même à réduire le risque de démence vous seront bénéfiques.

Réduisez la consommation de glucides raffinés.

N'oubliez pas que de grandes quantités de glucides raffinés tels que les gâteaux, les céréales, les biscuits, le riz blanc et le pain blanc nuisent à votre mémoire.

Ces aliments ont un indice glycémique élevé, ce qui signifie que le corps les digère rapidement et induit un pic de glycémie.

Des études ont montré qu'un régime alimentaire occidental riche en glucides raffinés était corrélé à l'obésité, à la perte cognitive et à la diminution de la fonction cognitive.

Une étude menée auprès de 317 enfants en bonne santé a montré qu'une plus grande quantité de glucides transformés, tels que le riz blanc, les nouilles et les fast-foods, réduisait la capacité cognitive, notamment la mémoire à court terme et la mémoire de travail.

Une autre étude a montré que les adultes qui consommaient régulièrement des céréales prêtes à l'emploi au petit-déjeuner avaient une fonction cognitive moins bonne que ceux qui en mangeaient moins souvent.

RÉSUMÉ : Les glucides raffinés, y compris le sucre ajouté, contribuent à l'hyperglycémie, qui peut endommager le cerveau avec le temps. Les régimes riches en glucides raffinés ont été associés à la dépression, à la perte cognitive et à la diminution des fonctions cérébrales.

Déterminez votre taux de vitamine D.

La vitamine D est un nutriment essentiel qui joue plusieurs rôles critiques dans votre organisme. Un faible taux de vitamine D a été associé à de nombreux problèmes de santé, notamment à un déclin des fonctions cognitives.

La recherche suivie par 318 adultes âgés pendant cinq ans a montré que ceux dont le taux sanguin de vitamine D était inférieur à 20 nanogrammes/ ml perdaient leur mémoire et d'autres capacités cognitives plus rapidement que ceux dont le taux de vitamine D était moyen. Un faible taux de vitamine D était également associé à un risque plus élevé de développer une démence. La carence en vitamine D est très répandue, en particulier dans les environnements plus froids et plus sombres. Consultez votre médecin pour effectuer un test sanguin afin de déterminer si vous avez besoin d'un supplément de vitamine D.

RÉSUMÉ : La carence en vitamine D est très courante dans les climats plus froids, en particulier, et a été associée à la perte cognitive liée à l'âge et à la démence. Si vous pensez avoir un faible taux de vitamine D, demandez à votre médecin de vous faire passer un test sanguin.

Faites de l'exercice régulièrement

Faire plus d'exercice est essentiel pour la santé physique et mentale dans son ensemble. Il est prouvé que l'exercice est bon pour le cerveau et qu'il peut améliorer la mémoire à tout âge, des nourrissons aux adultes plus âgés. Par exemple, une étude portant sur 144 personnes âgées de 19 à 93 ans a révélé qu'une seule promenade modérée de 15 minutes sur une moto stationnaire permettait d'améliorer les performances cognitives, y compris la mémoire, à tous les âges.

De nombreuses études ont montré que l'exercice peut augmenter la sécrétion de protéines neuroprotectrices et favoriser la croissance et le développement neuronaux, ce qui améliore la santé du cerveau. L'exercice quotidien au milieu de la vie est souvent lié à un risque plus faible de démence plus tard dans la vie.

Résumé : L'exercice régulier offre des avantages étonnants pour tout votre corps, y compris votre cerveau. Il a été démontré que seuls les exercices légers améliorent l'efficacité cognitive dans tous les groupes d'âge, y compris la mémoire.

Choisir des aliments anti-inflammatoires

Un régime riche en inflammations peut aider à stimuler votre mémoire. Les antioxydants réduisent l'inflammation dans le corps en réduisant les radicaux libres et le "stress oxydatif". Les antioxydants peuvent être obtenus dans des aliments tels que les baies, les légumes et les thés.

Une étude récente portant sur neuf études dans lesquelles plus de 31 000 participants consommaient davantage de fruits et de légumes a montré que les taux de détérioration cognitive et de démence étaient inférieurs à ceux des personnes qui consommaient moins de ces aliments sains. La bière est particulièrement riche en antioxydants tels que les flavonoïdes et les anthocyanines. Cela peut être un moyen efficace d'éviter les pertes de mémoire.

Selon une étude portant sur plus de 16 000 personnes, les personnes qui consomment le plus de myrtilles et de fraises présentent moins de troubles cognitifs et de pertes de mémoire que celles qui consomment moins de baies.

RÉSUMÉ : Les aliments anti-inflammatoires, en particulier les baies et autres aliments à forte teneur en antioxydants, sont excellents pour votre cerveau. Vous ne pouvez pas confondre l'utilisation d'une variété de fruits et légumes avec l'inclusion d'un plus grand nombre d'aliments anti-inflammatoires dans votre alimentation.

Essayez la curcumine

La curcumine est un composé que l'on trouve à des niveaux élevés dans la racine de curcuma. Elle fait partie d'une classe de composés connus sous le nom de polyphénols. C'est un puissant antioxydant et elle a un effet anti-inflammatoire puissant sur le corps.

De nombreuses études animales ont montré que la curcumine diminue les dommages oxydatifs et l'inflammation du cerveau et réduit également le nombre de plaques amyloïdes. Ces accumulations sur les neurones détruisent les cellules et les tissus, entraînant une perte de mémoire.

En fait, l'accumulation de plaques amyloïdes peut contribuer à la progression de la maladie d'Alzheimer. Bien que d'autres études humaines sur les effets de la curcumine sur la mémoire soient nécessaires, les études animales indiquent qu'elle peut améliorer la mémoire et prévenir le déclin cognitif.

Résumé : La curcumine est un puissant antioxydant. Des études sur les animaux ont montré que l'inflammation et les plaques amyloïdes dans le cerveau sont réduites. Néanmoins, des recherches supplémentaires sur les humains sont nécessaires.

Ajoutez du cacao à votre recette.

Ajouter du cacao à votre alimentation est délicieux, nutritif et fournit une forte dose d'antioxydants appelés flavonoïdes. Ajoutez du cacao à votre alimentation. Les recherches indiquent que les flavonoïdes sont particulièrement bénéfiques pour le cerveau. Ils peuvent contribuer au développement des vaisseaux sanguins et des neurones, ainsi qu'à l'augmentation du flux sanguin dans les zones du cerveau liées à la mémoire.

Une étude menée sur 30 personnes en bonne santé a montré que celles qui avaient consommé 720 mg de flavonoïdes de cacao dans du chocolat noir avaient une meilleure mémoire que celles qui avaient consommé du chocolat blanc sans flavonoïdes de cacao. Pour tirer le meilleur parti du chocolat, utilisez du chocolat noir contenant 70 % ou plus de cacao. Cela permettra de s'assurer qu'il contient davantage d'antioxydants, tels que les flavonoïdes.

30 Jours Pour Un Cerveau Plus Intelligent Et Plus Sain

Tout le monde a besoin d'un cerveau plus performant et plus intelligent pour traiter les connaissances plus rapidement et avoir une meilleure mémoire. Les esprits les plus brillants ont une capacité cérébrale inférieure à celle de la personne moyenne, et ils utilisent leur cerveau plus efficacement. La santé de votre cerveau est le résultat de vos habitudes quotidiennes. Pour optimiser votre cerveau, il vous suffit de modifier légèrement votre routine.

Trente jours, c'est assez de temps pour développer de nouveaux comportements de manière pratique qui vous encourageront à penser mieux et plus intelligemment, mais c'est aussi assez long pour vous tester. Vous devriez adopter l'un de ces comportements en 30 jours ou moins afin d'améliorer vos capacités cérébrales, d'accroître votre clarté d'esprit et de créer un cerveau plus sain.

Épuisez votre cerveau.

Mettez votre cerveau au défi avec une expérience entièrement nouvelle. Apprenez quelque chose sur la fatigue du cerveau. Votre cerveau a besoin de se fatiguer.

Prenons par exemple une nouvelle stimulation cognitive - quelque chose qui ne s'est jamais produit auparavant : la danse, les leçons de piano, l'apprentissage d'une langue étrangère - qui est plus susceptible d'augmenter la vitesse de traitement du cerveau, de renforcer les synapses et d'étendre ou de construire des réseaux fonctionnels.

"Si vous apprenez quelque chose de nouveau et que votre cerveau a envie de faire une pause, vous savez que vous faites des choses physiques dans votre cerveau et que vous ne vous contentez pas de les retenir", explique le Dr Jennifer Jones, psychologue et scientifique du succès.

Une fois que vous en savez plus, vous établissez de nouveaux liens, et plus vous pouvez établir de liens, plus il sera facile à l'avenir de retenir les connaissances.

Arrêtez de nourrir votre confort.

Pour éviter de nourrir votre confort, considérez que le confort procure un état de santé mentale. Si vous êtes détendu et que vous vous sentez bien, votre cerveau libère des substances chimiques qui contribuent aux sentiments de bonheur, comme la dopamine et la sérotonine. Pourtant, la relaxation est mauvaise pour le cerveau à long terme.

Il n'y a pas de dendrites, qui sont des liens entre les neurones du cerveau et qui permettent aux informations de circuler, de diminuer ou de disparaître.

La vie active accroît les réseaux dendritiques et augmente également la plasticité du cerveau. "Aucun apprentissage intensif ne contribue au gaspillage des processus de plasticité", a déclaré Norman Doidge dans son livre The Brain that Changes Itself.

Michael Merzenich, pionnier de la science de la plasticité et auteur du livre How Brain Plasticity : New Science Could Transform Your Life, affirme qu'il est important pour la santé du cerveau d'aller au-delà de ce qui est familier.

"La volonté de quitter la zone de confort est la clé pour garder le cerveau en bonne santé", a-t-il déclaré. Rechercher de nouvelles opportunités, acquérir de nouvelles compétences et ouvrir la porte à de nouvelles idées encouragent et améliorent la clarté mentale.

Tout ce qui vous fait vous sentir détendu n'est pas vraiment bon pour votre cerveau lorsque vous êtes dans votre zone de confort. Peut-être que vous êtes hors de la zone d'amélioration. Sortir de votre zone de confort étire en fait votre cerveau en encourageant les dendrites à devenir comme de grands arbres avec des branches entières et non comme de petits arbustes.

Commencez les pratiques de pleine conscience.

De nombreuses recherches montrent que la méditation augmente la matière grise de votre cerveau. La méditation peut augmenter l'épaisseur des régions qui régulent et traitent les signaux sensoriels provenant du monde extérieur.

Oui, la méditation rend (littéralement) le cerveau plus gros. La méthode pour faire taire l'esprit est la méditation. Lorsque l'esprit est calme, il y a une plus grande concentration et une plus grande paix intérieure. Pourtant, la concentration demande beaucoup de temps et d'énergie. En moins de temps qu'il ne vous en faut pour déjeuner, vous pouvez littéralement étirer votre cerveau. Tout comme vous pouvez développer vos muscles, vous pouvez développer la force de votre cerveau et même sa taille de manière saine et naturelle. La méditation s'est avérée utile pour le cerveau.

"Bien que la méditation exige un sentiment de tranquillité et de relaxation physique, on sait depuis longtemps qu'elle a des effets bénéfiques sur le plan cognitif et psychologique pendant la journée", a déclaré Sara Lazar, auteur du rapport sur le système de neuro-imagerie psychiatrique du MGH et enseignante en psychologie à la Harvard Medical School.

Le problème ne fait que commencer. C'est un peu comme aller au centre de fitness. Nous savons tous que nous devons faire quelque chose, mais

Lorsque vous décidez de l'essayer, vous pouvez utiliser Headspace, l'application qui est connue comme "un abonnement à une salle de sport pour votre esprit".

- **Lire tous les jours**

Le cerveau a besoin que vous le lisiez tous les jours. L'apprentissage améliore la communication du cerveau. En lisant ces mots, le cerveau décode une variété de symboles abstraits, puis synthétise les résultats en idées concrètes. C'est une opération incroyable. Le cerveau qui lit peut être comparé à l'effort de collaboration en temps réel d'un orchestre symphonique, où différentes parties du cerveau travaillent ensemble, comme les pièces d'un instrument, pour maximiser notre capacité à déchiffrer le texte écrit devant nous. La lecture recrée le cerveau. Dans son roman, Maryanne Wolf parle de Proust et le calmar. L'histoire et la science du cerveau lecteur :

L'être humain a inventé la lecture il y a quelques centaines d'années seulement et, avec cette découverte, la structure même de notre cerveau a été remaniée, ce qui a eu pour effet d'étendre nos possibilités de réflexion et de modifier le développement intellectuel de notre espèce. Les inventions de nos ancêtres n'ont pu être réalisées que grâce à l'extraordinaire capacité du cerveau humain à établir de nouvelles relations entre ses structures existantes, un processus rendu possible par la capacité du cerveau à être remodelé par l'expérience.

De nombreuses fonctions cérébrales sont impliquées dans la lecture, notamment les processus visuels et auditifs, la conscience phonémique, la fluidité, la compréhension, l'ing, etc.

Les mêmes régions neuronales du cerveau sont activées lorsqu'on le lit et lorsqu'on en est témoin.

Selon les recherches menées dans les laboratoires Haskins pour la science du mot caché, le cerveau a plus de temps pour faire une pause, réfléchir, traiter et visualiser le message que nous lui adressons, contrairement à ce qui se passe lorsqu'on regarde ou écoute les médias. La lecture quotidienne retardera la détérioration cognitive de la vieillesse et maintiendra le cerveau en bonne santé.

- *Prenez l'habitude de tenir un journal.*

Une bonne nuit de sommeil, une course à pied, un régime alimentaire équilibré et la présence de la famille et des amis ont tous des conséquences importantes et bien documentées sur la fonction cognitive globale. La tenue d'un journal est encore plus importante pour votre bien-être général. Il vous permet de hiérarchiser vos tâches les plus importantes, d'exprimer clairement vos pensées et d'accomplir des tâches essentielles.

Plusieurs études ont montré que l'écriture personnelle peut aider les gens à faire face à des événements stressants, à soulager l'anxiété et à améliorer la fonction des cellules immunitaires.

"L'écriture est capable d'aider le cerveau à prendre, stocker, maintenir et collecter des informations ; elle favorise l'attention attentive du cerveau ; elle favorise la mémoire à long terme ; elle éclaire les tendances ; elle donne du temps de réflexion au cerveau, et elle est une source de croissance mentale et de stimulation pour le haut niveau du cerveau lorsqu'elle est bien dirigée." Qu'on l'aime ou qu'on le déteste, l'exercice physique aura un effet considérable sur votre cerveau et votre humeur.

- *Ne restez pas assis.*

On dit souvent que le cerveau est "comme un muscle". Il doit être exercé pour améliorer ses performances.

Il est prouvé que vous pouvez améliorer votre fonction cognitive en bougeant votre corps. Ce que vous faites avec votre corps a un impact sur votre esprit. Trouvez une activité que vous aimez, levez-vous et faites-la, et surtout, faites-en une habitude. Créez et maintenez une meilleure routine d'exercice. Selon Art Kramer, de l'université de l'Illinois à Urbana-Champaign, des activités aérobiques de base comme la marche rapide de 30 à 45 minutes trois fois par semaine peuvent contribuer à éviter l'usure mentale et stimuler la mémoire épisodique et les fonctions de contrôle exécutif d'environ 20 %.

- ***Dormez bien et sans interruption.***

Un bon sommeil diminue le stress physique et psychologique. Le cerveau procède à la réorganisation des informations pendant le sommeil. Il est important de noter qu'une brève sieste dans l'après-midi (connue sous le nom de "power nap") donne un regain d'énergie au cerveau.

Depuis des décennies, les chercheurs savent que le sommeil est nécessaire au cerveau pour améliorer l'apprentissage et la mémoire. Loin d'être paresseuse, la sieste a été cliniquement prouvée pour stimuler la concentration et maximiser la productivité du réseau de capacités du cerveau. Les résultats de la sieste indiquent qu'elle augmente le taux de réaction et aide à apprendre, étant donné que les siestes ne durent pas plus de 20 minutes.

- ***Ne rien faire pour changer***

Ne rien faire est une capacité. Ne rien faire. Une opération peut être contre-productive. Nous savons que c'est difficile, mais il n'y a pas de meilleur moyen de recentrer votre cerveau et de vous aider à prêter attention au moment présent.

Les moments de débranchement, d'isolement et de calme améliorent votre concentration, votre efficacité et votre créativité.

"Apprendre à ne rien faire vous permettra également à d'autres moments de reprendre le contrôle de votre énergie." Une astuce : planifiez le temps de "ne rien faire" comme vous le feriez pour des tâches. "Si vous refusez une fonction sociale, ne vous attendez pas à ce que quelqu'un comprenne ou pense que vous n'êtes pas occupé", explique Oliver Burkeman.

Les neurosciences montrent également que le silence protège le cerveau sur le plan nutritionnel.

Le neuroscientifique Marcus Raichle affirme que ses meilleures pensées se déroulent dans le silence. Le silence a été court, et Raichle a ressenti un isolement réflexif.

Pendant le silence, le cerveau intériorise et évalue activement les informations.

Des recherches menées par la biologiste régénératrice de l'université Duke, Imke Kirste, ont révélé que deux heures de silence quotidien déclenchaient la croissance des cellules de l'hippocampe, une région du cerveau associée à la formation de la mémoire impliquant les sens. La créativité exceptionnelle se manifeste également dans l'isolement.

Des moyens efficaces pour entraîner votre cerveau à être plus intelligent

Vous allez à la salle de sport pour exercer votre corps ; vous courez ou marchez pour améliorer votre endurance, mais que faites-vous pour exercer votre esprit ? Entraîner votre cerveau vous permettra non seulement d'accélérer votre mémoire, mais aussi d'apprendre plus rapidement. Après tout, il n'y a que quelques heures par jour.

Vous êtes le reflet de la société que vous fréquentez.

Nous sommes tous la somme des cinq personnes avec lesquelles nous passons le plus de temps, du moins selon le philosophe des affaires Jim Rohn. Ce n'est pas une erreur si les personnes ayant un taux de réussite élevé semblent "se regrouper". De toute évidence, les groupes de pairs partagent des intérêts communs et discutent de sujets ouvertement et sans réserve.

Vous développez indirectement les vôtres en vous associant à des personnes intelligentes. Si froid. Vous devriez peut-être réfléchir aux amis avec lesquels vous passez la majorité de votre temps.

Dormez suffisamment.

Tout manque de repos, de relaxation et/ou de stress inutile peut sérieusement réduire les fonctions cérébrales. Le cerveau humain a besoin de beaucoup de ressources pour fonctionner. Si vous êtes toujours fatigué, votre esprit ne peut pas apprendre et évoluer. Certaines études montrent que le QI peut être réduit par un manque de sommeil. Veillez donc à bien dormir !

Lire

Cela ne devrait pas être si choquant, mais nous ne devons pas sous-estimer le pouvoir de la lecture. La lecture vous fait découvrir de nouvelles idées et peut modifier et développer votre façon de penser. Une bonne lecture permet non seulement de renforcer votre vocabulaire, mais aussi d'améliorer votre articulation.

La lecture renforce également votre culture générale, ce qui vous permet de tenir des conférences informatives. Elle améliore vos capacités de communication et d'analyse.

Mangez bien

Comme on dit, vous êtes ce que vous mangez. La nourriture est le carburant de votre corps et, surtout, le carburant de votre cerveau. Ce que vous faites a une incidence sur le fonctionnement de votre cerveau.

Les aliments favorables à la nutrition sont très efficaces pour améliorer votre cerveau. Pour commencer, les noix sont une excellente source de nourriture pour le cerveau. Les acides gras qui se sont avérés favoriser le fonctionnement des neurones se trouvent dans des poissons tels que le thon, le maquereau et le saumon. Harvard a récemment mené une importante étude sur ce sujet précis. Vous veillerez également à prendre quotidiennement des oméga-3.

Jeux de société

L'une des façons les plus simples de rendre le cerveau plus intelligent est de passer de force en force ; le cerveau doit relever des défis sans fin. Parfois, le cerveau peut être paresseux. Lorsqu'il sait qu'il a tout accompli, il cesse d'essayer. L'astuce consiste à faire bon usage de ses capacités et à atteindre ses limites. Les jeux cérébraux tels que le Sudoku, les casse-tête et autres jeux difficiles aident. Les jeux informatiques du bon type peuvent même améliorer votre QI !

Tenez toujours un registre.

Si Einstein, Isaac Newton ou Thomas Jefferson ont pu tenir un journal, nous devrions tous en tenir un. Prendre l'habitude de prendre des notes ou de noter des éléments ou des pensées entraîne une extension mentale.

Les pensées sont parfois inconstantes, éthérées, et si elles ne sont pas pointées du doigt, elles peuvent être perdues pour de bon. En notant régulièrement vos pensées, vous serez en mesure de réfléchir de manière plus objective et plus approfondie. Une bonne conduite comme celle-ci améliorera votre capacité à penser clairement.

Faites régulièrement travailler votre corps.

Faites travailler à la fois votre corps et votre esprit. Autre chose évidente : ne sous-estimez pas la force de l'exercice. Si vous n'entretenez pas votre corps, toute tentative d'entraînement de votre cerveau est contrecarrée ! Une petite activité physique vous aidera à maintenir votre cerveau en pleine forme, et il ne s'agit pas forcément d'une promenade dans la salle de sport tous les jours. une instruction de routine de 15 minutes datant de 1904. Veillez également à bien manger !

La réponse est oui.

Le monde moderne est une addiction au clavier. C'est un moyen facile de placer des choses sur une page au lieu d'utiliser son visage, un crayon ou du papier ordinaire. Mais là, manifestement, on a raté un truc. En écrivant longtemps, vous apprendrez beaucoup plus rapidement. Par conséquent, il peut être judicieux de mettre l'ordinateur portable de côté lorsqu'il s'agit d'entraîner le cerveau. L'explication est que vous vous concentrez maintenant consciemment sur le système de filtrage de votre cerveau (le système d'activation réticulaire, ou SAR). L'écriture active le SRA et indique clairement à votre cerveau que le moment est venu.

Changez-les, et continuez à le faire.

R et om sont les deux dernières lettres. Essayez de faire quelque chose de différent chaque jour, encore et encore. Les nouvelles expériences pousseront le cerveau à créer de nouveaux moyens pour vous aider à accomplir plus rapidement la nouvelle mission. La meilleure façon d'apprendre, comme on dit, c'est de faire. Vous vous rappelez quand vous étiez un petit enfant ? Vos journées ont été un cycle continu de contrôles et d'erreurs. Chaque pratique consolide les voies neuronales et soutient un processus jusqu'à ce qu'il devienne une seconde nature.

Comment Renforcer Votre Concentration Et Votre Confiance En Vous

Conseils utiles pour renforcer votre concentration

Il n'est pas toujours facile de travailler, mais cela peut être particulièrement difficile lorsque vous êtes constamment distrait. Dans le monde toujours connecté d'aujourd'hui, les distractions sont à portée de clic. Même pendant les moments de calme, le bruit s'invite lorsque vous cherchez ou essayez d'attraper ce Pokémon insaisissable sur Twitter.

Il est important de se concentrer sur quelque chose dans votre environnement et de faire un effort mental pour apprendre de nouvelles choses, atteindre des objectifs et être performant dans un large éventail de situations. Que vous souhaitiez remplir un rapport au travail ou courir un marathon, la différence entre le succès et l'échec peut résider dans votre capacité à vous concentrer.

Il est possible d'améliorer son esprit, mais cela ne signifie pas nécessairement que c'est rapide et facile. Si c'était rapide, nous aurions tous la concentration d'un athlète d'élite. Cela demande un réel travail, et vous devrez peut-être apporter des modifications importantes à vos habitudes quotidiennes.

Voici quelques conseils et astuces psychologiques qui peuvent vous aider à vous concentrer comme un laser.

Commencez par évaluer votre concentration mentale.

Avant de commencer à travailler sur l'amélioration de votre concentration, vous pouvez commencer par évaluer le niveau de votre concentration actuelle. Commencez par évaluer votre concentration.

Si vous avez plus de style dans la première série de phrases, vous avez probablement déjà de très bonnes capacités de concentration, mais avec un peu de pratique, vous pourriez être encore meilleur.

Si vous êtes plutôt d'accord avec la deuxième série de commentaires, vous devez probablement travailler un peu plus sur votre concentration mentale. Cela peut prendre un certain temps, mais cela peut vous encourager à prendre de bonnes habitudes et à faire attention à votre distractibilité.

Supprimer les distractions

Admettez-le : vous l'avez vu venir. Bien que cela puisse paraître évident, les gens sous-estiment parfois le nombre d'obstacles qui les empêchent de se concentrer sur leur travail. Ces intrusions peuvent prendre la forme d'une radio en fond sonore ou d'un collègue agaçant qui discute constamment avec votre box.

Réduire au minimum ces causes de diversion semble parfois plus facile qu'il n'y paraît. S'il peut être aussi facile que d'éteindre la télévision ou la radio, faire face à un collègue, un partenaire, un enfant ou d'autres personnes qui vous interrompent pourrait être beaucoup plus difficile pour vous.

Une façon d'y remédier est de fixer une date et un lieu précis et de demander à être laissé seul pendant un certain temps. Une autre solution consiste à trouver un endroit calme où vous sentez que vous pouvez travailler sans être dérangé. Vous pouvez essayer la bibliothèque, un espace privé dans votre immeuble, ou même un café tranquille.

Pour tenter de réduire ou d'éliminer ces perturbations internes, assurez-vous d'être détendu avant le travail et utilisez des pensées et des images positives pour contrer l'anxiété et l'inquiétude. Si votre esprit vagabonde et se laisse distraire, ramenez votre attention sur la tâche à accomplir.

Concentrez-vous sur une seule chose à la fois.

Si jongler avec plusieurs tâches semble être un moyen fantastique d'accomplir beaucoup plus rapidement, il s'avère que c'est très mauvais pour les gens. Jongler avec plusieurs tâches à la fois peut réduire considérablement l'efficacité et rendre plus difficile le traitement des détails vraiment importants.

Faites de votre attention une priorité. Si vous faites briller la lumière à un certain endroit, vous pouvez voir les choses très clairement. Il vous suffirait de jeter un coup d'œil aux contours assombris si vous essayiez de répandre la même quantité de lumière dans une grande pièce sombre.

Pour améliorer votre concentration mentale, vous devez notamment tirer le meilleur parti de vos ressources disponibles. Arrêtez de jongler avec de multiples tâches et accordez toute votre attention à une seule chose à la fois.

Vivez le moment présent.

Il est difficile de rester concentré lorsque l'on rumine le passé, que l'on pense à l'avenir ou que l'on se contente d'une autre excuse par rapport au moment présent. Vous avez entendu des gens parler de l'importance d'"être présent". Il s'agit en grande partie d'éviter les distractions, qu'elles soient physiques (votre téléphone portable) ou psychologiques (vos angoisses), et de s'impliquer complètement dans le moment présent.

La notion de présence est également importante pour la récupération de votre esprit. En restant ici et maintenant, vous gardez votre concentration et votre énergie intellectuelle concentrée sur les informations qui comptent vraiment à un moment donné.

Cela peut prendre un certain temps, mais il faut aussi apprendre à vivre l'instant présent. Vous ne pouvez pas encore changer le passé ou l'avenir, mais ce que vous faites maintenant peut contribuer à empêcher les erreurs de se produire et à ouvrir la voie à un avenir meilleur.

Pratiquer la pleine conscience

La pratique de la pleine conscience est un sujet brûlant en ce moment, et pour une bonne raison. Bien que des méthodes de méditation soient pratiquées depuis des milliers d'années, les nombreux avantages pour la santé n'ont commencé à être reconnus que récemment.

Dans un rapport, des chercheurs ont fait participer des experts en personnel à des simulations du type de multitâche dynamique qu'ils effectuent quotidiennement. Ces activités doivent être effectuées dans un délai de 20 minutes, ce qui inclut répondre, organiser des réunions, rédiger des notes et travailler avec une source d'informations, notamment des appels téléphoniques, des courriels et des SMS.

Certains des participants ont été formés pendant huit semaines à l'aide d'une thérapie de l'attention, et les résultats ont montré que seuls ceux qui avaient suivi cette formation avaient amélioré leur concentration et leur focalisation. Les participants du groupe de méditation peuvent rester plus longtemps, passer plus souvent d'une tâche à l'autre et effectuer le travail plus efficacement que les autres groupes participants.

La pratique de la pleine conscience peut inclure l'apprentissage de la méditation, mais elle peut aussi être aussi simple que de faire un exercice de respiration profonde rapidement et facilement.

Bien que cette tâche puisse sembler d'une simplicité décevante, vous trouverez cela beaucoup plus difficile qu'il n'y paraît. Heureusement, vous pouvez faire cet exercice de respiration partout, bien que vous le trouverez beaucoup plus difficile qu'il n'y paraît. Heureusement, vous pouvez faire cet exercice de respiration partout. Vous finirez par trouver plus facile de vous désengager des pensées distrayantes et de ramener votre esprit là où il doit être.

Essayez de faire une petite pause

Avez-vous déjà essayé de vous concentrer sur la même chose pendant une longue période ? Au bout d'un certain temps, votre concentration s'effondre et il devient de plus en plus difficile de consacrer votre énergie mentale à votre travail. Non seulement cela, mais les performances finissent par en pâtir.

Les théories en psychologie suggèrent que cela est attribuable à la perte des ressources d'attention, mais certains chercheurs pensent que cela est davantage lié à la propension du cerveau à négliger les sources de stimulus continues.

La prochaine fois que vous travaillerez sur un travail de longue haleine, comme la préparation des impôts ou des tests, veillez à faire une pause mentale de temps en temps. Occupez-vous de quelque chose qui n'est pas pertinent pour la mission, même pour quelques instants. Ces brefs moments de repos peuvent vous permettre, lorsque vous en avez vraiment besoin, de rester concentré et d'avoir un rendement élevé.

Continuez à vous entraîner pour améliorer votre concentration.

Ce n'est pas quelque chose qui se fait du jour au lendemain. Pour développer leurs compétences en communication, de nombreux athlètes professionnels ont besoin de beaucoup de temps et de pratique.

L'une des premières étapes consiste à comprendre comment les personnes distraites affectent votre vie. Lorsque vous vous efforcez d'atteindre vos objectifs et de vous débarrasser des détails sans importance, il est temps d'accorder une plus grande valeur à votre temps. Vous découvrirez, en développant votre concentration mentale, que vous pouvez accomplir davantage et vous concentrer sur les choses de votre vie qui vous apportent vraiment bonheur, plaisir et satisfaction.

Conseils pour améliorer votre concentration

Si vous avez déjà éprouvé des difficultés à accomplir un travail difficile, à vous préparer à un examen important ou à consacrer du temps à un projet complet, vous souhaitez améliorer votre capacité de concentration.

La concentration fait référence à votre engagement psychologique envers ce que vous êtes en train de travailler ou d'étudier. Elle est parfois confondue avec la durée de concentration, mais la durée pendant laquelle vous pouvez vous concentrer sur quelque chose implique de l'attention.

Facteurs qui influencent la concentration

La durée et la concentration de l'attention peuvent différer pour un certain nombre de raisons. Certaines personnes doivent faire face à des problèmes un peu plus difficiles. Le manque de sommeil et l'âge peuvent influencer la concentration.

La plupart des gens oublient plus facilement des choses en vieillissant, et une baisse de concentration peut accompagner la perte de mémoire. La concentration peut également être affectée par des traumatismes crâniens et cérébraux tels que les commotions cérébrales, ainsi que par certains troubles de la santé mentale.

Lorsque vous essayez de vous concentrer, il est facile de s'énerver, mais vous n'y arrivez pas. Cela peut entraîner une tension et une frustration, qui vous aident à vous concentrer sur ce que vous devez faire dans un rêve lointain.

Si cela vous semble familier, découvrez des méthodes fondées sur la recherche pour vous aider à vous concentrer. Nous passerons également en revue certains facteurs qui peuvent affecter votre concentration pour vous aider à la stimuler. Nous passerons également en revue certains facteurs qui peuvent affecter votre concentration et certaines mesures à prendre si vous ne semblez pas vous améliorer lorsque vous essayez d'augmenter votre concentration par vous-même.

Entraînez votre cerveau.

Certains jeux vous aideront à mieux vous concentrer. Essayez :

- Sudoku
- Mots croisés
- Échecs
- Casse-tête
- Scrabbles / Recherches de mots
- Jeux de mémoire

Les conclusions d'une recherche menée en 2015 par Reliable Source auprès de 4 715 adultes montrent que le fait de passer 15 minutes par jour, cinq jours par semaine, peut avoir un effet significatif sur la concentration sur des activités d'entraînement cérébral.

Les jeux d'entraînement cérébral vous aideront également à améliorer votre travail et vos capacités de mémoire rapide, de réflexion et de résolution de problèmes.

Enfants

L'entraînement cérébral peut également être bénéfique pour les femmes. Investissez dans un livre de puzzles, complétez un puzzle ou jouez ensemble à un jeu de mémoire.

Même le coloriage peut améliorer la concentration des enfants ou des adultes. Les enfants plus âgés préféreront peut-être les livres de coloriage pour adultes pour profiter de pages de coloriage plus détaillées.

Adultes âgés

Les avantages des jeux d'entraînement cérébral sont particulièrement importants pour les personnes âgées, car la mémoire et l'attention diminuent fréquemment avec l'âge.

Une étude de 2014, qui a analysé 2 832 personnes âgées après dix ans, a suivi les participants. Les personnes âgées qui ont suivi 10 à 14 cours d'entraînement cognitif ont montré une amélioration de l'attention, de la mémoire et des capacités de réflexion.

Après dix ans, la plupart des participants à l'étude ont indiqué qu'ils pouvaient accomplir au moins aussi bien que possible leurs activités quotidiennes au début de l'essai, voire mieux.

Préparez votre jeu.

Faire de votre jeu cérébral la seule forme de jeu pouvant conduire à une meilleure concentration n'est peut-être pas la meilleure idée. Des recherches récentes indiquent également que jouer à des jeux vidéo peut aider à améliorer la concentration.

Une étude menée en 2018 auprès de 29 personnes a trouvé des preuves qu'une heure de jeu pouvait aider à améliorer l'attention visuelle sélective (VSA). L'ASV fait référence à votre capacité à vous concentrer sur une tâche particulière tout en évitant les distractions.

L'échelle de cette analyse était petite, et ces résultats ne sont donc pas définitifs. L'analyse n'a pas non plus permis de déterminer la durée de cette augmentation de l'ASV.

Les auteurs de l'étude suggèrent des recherches futures pour approfondir la façon dont les jeux vidéo peuvent améliorer l'activité cérébrale et la concentration.

Une étude réalisée en 2017 a analysé 100 études portant sur les effets cognitifs des jeux vidéo. Les résultats indiquent que jouer à des jeux vidéo peut entraîner différents changements cérébraux, notamment une attention et une concentration accrues.

L'étude présentait plusieurs inconvénients, notamment le fait que les recherches portaient sur des sujets très différents, dont la dépendance aux jeux vidéo et les effets potentiels des jeux vidéo violents. Des études conçues spécifiquement pour étudier les avantages des jeux vidéo pourraient appuyer ces conclusions.

Améliorer le sommeil

La privation de sommeil altère facilement la concentration sans tenir compte des autres fonctions cognitives, notamment la mémoire et l'attention.

Occasionnellement, le manque de sommeil peut ne pas vous causer trop de problèmes. Pourtant, ne pas dormir régulièrement affectera votre humeur et vos performances au travail.

Un épuisement trop important peut également ralentir votre réflexion et entraver votre capacité à conduire ou à effectuer certaines tâches quotidiennes.

Un emploi du temps chargé, des problèmes de santé et d'autres facteurs rendent également le sommeil assez difficile. Cependant, il faut essayer de se rapprocher le plus possible de la quantité prescrite pendant la plupart des nuits.

De nombreux experts conseillent aux adultes de dormir entre 7 et 8 heures par nuit.

Vous bénéficierez également d'une amélioration de votre santé.

- Éteignez la télévision et essuyez les fenêtres une heure avant de vous coucher.
- Gardez votre espace frais mais confortable.
- Blottissez-vous contre une musique douce, une boisson chaude ou un livre avant de vous coucher.
- Couchez-vous et levez-vous tous les jours, même le week-end, à la même heure.
- Faites de l'exercice tous les jours, mais évitez de faire une séance

d'entraînement intense juste avant de vous coucher.

1. *Prenez le temps de faire de l'exercice.*

Une meilleure concentration est l'un des nombreux avantages de l'exercice quotidien. Tous les bénéfices proviennent de l'exercice physique. Une étude de 2018 analysant 116 élèves de cinquième année a trouvé des preuves que l'activité physique quotidienne pouvait aider à améliorer la concentration et l'attention en seulement quatre semaines.

De nombreuses études sur les personnes âgées indiquent que seule une année d'activité physique aérobie modérée permet de lutter contre l'atrophie du cerveau liée à l'âge et d'éviter, voire d'inverser, les pertes de mémoire.

Faites ce que vous pouvez.

Bien que l'aérobic soit recommandé, il vaut mieux faire ce que l'on peut que ne rien faire. Vous pouvez vouloir faire plus ou moins d'exercice, en fonction de votre santé personnelle et de vos objectifs de poids.

Mais parfois, l'exercice prescrit n'est pas réalisable, notamment si vous avez des problèmes de santé physique ou mentale.

Si vous ne parvenez pas à trouver le temps de faire de l'exercice ou si vous ne voulez pas aller à la salle de sport, essayez de trouver des moyens amusants de le faire tout au long de la journée. Vous courez si votre rythme cardiaque est élevé. Posez-vous la question :

- Porteriez-vous vos enfants à l'école ?
- Pouvez-vous vous lever et faire du jogging dans votre quartier pendant vingt minutes chaque matin ?
- Pouvez-vous diviser votre trajet hebdomadaire de nourriture à pied ou à vélo en deux ou trois voyages ?
- Marcherait-on au lieu de conduire pour aller au café ?

Dans la mesure du possible, pensez à faire de l'exercice juste avant de devoir vraiment vous concentrer ou de faire une pause mentale.

Passez du temps dans la nature

Si vous voulez augmenter votre concentration sur le cours, essayez de sortir tous les jours, même pendant 15 à 20 minutes. Vous pouvez faire une courte promenade dans un parc. Vous pouvez également vous asseoir dans votre jardin ou votre cour. Chaque environnement naturel présente des avantages.

L'influence bénéfique des écosystèmes naturels est largement confirmée par des preuves empiriques. Une recherche de 2014 a montré que l'inclusion de plantes dans les bureaux conduit à une concentration accrue. Arch de 2014 a montré que l'inclusion de plantes dans les bureaux entraînait une augmentation de la concentration, de l'efficacité, de la satisfaction des employés et de la qualité de l'air.

Essayez d'ajouter une ou deux plantes à votre espace de travail ou à votre domicile pour en tirer de nombreux avantages. Les plantes succulentes sont d'excellentes options à faible entretien si vous n'avez pas la main verte.

Enfants

Les enfants bénéficient souvent d'environnements naturels. En 2017, plus de 1 000 enfants âgés de 0 à 7 ans ont été adoptés. L'étude visait à déterminer comment une exposition de longue durée aux arbres et à la verdure à la maison et dans le voisinage pouvait affecter l'attention des enfants.

L'étude a démontré que les environnements naturels peuvent favoriser la croissance du cerveau et accroître l'attention des enfants.

La nature aide encore plus les enfants atteints de TDAH. Une étude de source fiable réalisée en 2009 auprès de 17 enfants atteints de TDAH a révélé qu'une promenade de 20 minutes dans un parc permettait de mieux se concentrer qu'une promenade de même durée dans un environnement urbain.

Essayez la méditation.

Fournir la méditation et les pratiques de la conscience, et ils peuvent apporter divers avantages. Un seul d'entre eux nécessite une concentration accrue.

Une analyse de 23 études publiées en 2011 a montré que l'entraînement axé sur la concentration pouvait contribuer à accroître l'attention et la concentration. L'attention peut également améliorer la mémoire et d'autres capacités cognitives.

La méditation ne se limite pas à fermer les yeux en silence. Vous devez méditer sur le yoga, la respiration profonde et bien d'autres choses encore.

Si vous avez déjà essayé la méditation et que cela n'a pas fonctionné pour vous, ou si vous n'avez jamais essayé, cette liste vous aidera à vous lancer.

Faites une pause.

Comment une pause dans le travail ou les devoirs peut-elle augmenter votre niveau ? La théorie peut sembler contre-intuitive, mais les experts affirment qu'elle fonctionne très bien.

Considérez ceci : vous travailliez sur le même projet depuis quelques heures lorsque vous vous êtes soudainement mis à écrire. Même s'il est difficile de garder l'esprit au travail, vous restez à votre bureau et vous vous poussez à continuer. Mais votre désir de vous concentrer ne fait que vous stresser et vous rendre anxieux de ne pas terminer votre travail à temps.

Vous étiez là avant. La prochaine fois que cela se produit, faites une courte pause mentale dès que vous sentez que votre concentration faiblit. Détendez-vous avec une boisson fraîche ou une collation nutritive, marchez rapidement ou sortez vous amuser.

Ne soyez pas surpris si vous vous sentez plus concentré, inspiré ou même créatif lorsque vous reprenez le travail. Les pauses vous aideront à stimuler ces fonctions et bien d'autres encore.

Écoutez de la musique.

Pendant le travail ou les études, la musique peut améliorer la concentration.

Par ailleurs, si vous n'aimez pas écouter de la musique en travaillant, l'utilisation de sons de la nature ou de bruits blancs pour bloquer les bruits de fond peut aider à améliorer la concentration et d'autres fonctions cérébrales, selon des études.

Le type de musique que vous entendez change. Les experts s'accordent généralement à dire que la musique classique, en particulier la musique classique baroque, et la musique naturelle sont de bons choix pour accroître votre attention.

Envisagez de la musique ambiante ou électronique sans paroles si vous n'aimez pas la musique classique. Faites en sorte que votre musique ou votre bruit de fond soit silencieux, afin qu'il ne vous dérange pas.

Il est également important d'éviter d'écouter de la musique que vous aimez ou détestez, car vous serez submergé par les deux styles.

Mangez une variété d'aliments

Les aliments que vous consommez peuvent affecter les fonctions cognitives telles que la concentration et la mémoire. Arrêtez de manger des aliments frits, trop de sucre, et des aliments très gras ou graisseux. Cherchez à consommer quelque chose pour augmenter la concentration :

- Poissons gras (pensez au saumon et à la truite)
- Œufs (blanc et jaune d'œuf)
- Myrtilles
- Epinards

L'hydratation peut également avoir un effet bénéfique sur la concentration. Même une déshydratation légère peut rendre difficile la concentration ou la mémorisation de détails.

Prendre un petit-déjeuner peut être utile dès le matin en améliorant votre concentration. Privilégiez un repas riche en protéines et en fibres tout en étant pauvre en sucre ajouté. Les flocons d'avoine, le yaourt nature aux fruits ou les toasts aux œufs sont tous des choix sains pour le petit-déjeuner.

Buvez de la caféine

Il n'est pas nécessaire d'inclure la caféine dans votre régime alimentaire si vous préférez l'éviter, mais les recherches suggèrent que la caféine aide à focaliser votre attention.

Prenez une tasse de café ou de thé vert si vous remarquez que votre concentration commence à baisser. Une part de chocolat noir à 70 % ou plus peut avoir des effets bénéfiques similaires si vous n'aimez pas les boissons au café.

Des recherches menées en 2017 ont trouvé des preuves que les substances phytochimiques naturellement présentes dans le matcha, une sorte de thé vert, améliorent non seulement les fonctions cognitives mais conduisent également à la relaxation. Le matcha peut donc être une bonne option si le café vous rend nerveux ou au bord du gouffre.

Pensez aux suppléments

Certains compléments peuvent permettre d'améliorer la concentration et les fonctions cérébrales.

Avant d'essayer un quelconque complément, surtout si vous avez des problèmes de santé ou des allergies, vous pouvez consulter votre médecin. Ce dernier examinera les avantages et les dangers potentiels des compléments avant de vous en prescrire un qui réponde à vos besoins.

Il est également difficile d'ajouter certains aliments à votre régime pour recevoir toutes les vitamines dont vous avez besoin, mais les compléments vous aideront à atteindre vos objectifs de consommation quotidienne.

- Folate
- Choline
- Vitamine K
- Flavonoïdes
- Acides gras oméga-3
- Extrait de graines de guarana

Effectuez un exercice de concentration.

Ils favorisent la concentration et la santé du cerveau. Les exercices de concentration sont également bénéfiques aux enfants qui ont des difficultés à se concentrer. Cette discipline comportementale exige de prêter une attention complète à une tâche pendant une période de temps déterminée.

Considérez ce qui suit :

- Dessinez ou gribouillez pendant 15 minutes.
- Passez quelques minutes avec une autre personne pour lancer un petit argumentaire.
- Réglez un minuteur pour trois à cinq minutes. Essayez de cligner des yeux le moins possible.
- Sucez une sucette ou une tranche rugueuse et tenez-la jusqu'à ce qu'elle disparaisse - luttez contre l'envie de mordre. Prenez note du goût, du son du c et du y sur votre langue, et du temps qu'il vous faut pour le consommer entièrement.

Pendant l'un des événements, demandez à votre enfant d'écrire une courte description ou d'expliquer ce qu'il a ressenti pendant la rencontre. Les jeunes enfants peuvent simplement utiliser des mots pour décrire leurs sentiments.

Lorsque vous leur parlez des endroits où ils ont perdu leur attention et de la façon dont ils ont réussi à se recentrer, ils amélioreront ces capacités pour leurs tâches quotidiennes. L'entraînement à la concentration peut également aider les adultes, alors essayez vous-même.

Activités Et Habitudes Quotidiennes Des Personnes Dotées D'une Mémoire Étonnante

Ces techniques de bon sens vous permettront d'oublier moins souvent, même si vous n'avez pas de mémoire de génie.

Vous connaissez probablement quelqu'un qui semble ne jamais rien oublier - des noms, des incidents et des choses qui se sont passées il y a quelques années peuvent être rappelés en quelques secondes. Comment ces hommes font-ils cela ? Oui, le cerveau peut être entraîné à avoir une mémoire surhumaine. Les techniques mnémoniques peuvent être utiles, mais surtout, des comportements et des tactiques de vie sains peuvent améliorer le fonctionnement de votre mémoire. Il ne s'agit pas seulement de la mémorisation par cœur, mais de la façon dont la mémoire "vole" dans le cerveau pour être utilisée plus tard. "Le but n'est pas de mémoriser des choses", a déclaré Jennifer Zientz, MS, chef des services cliniques du Center for BrainHealth de l'Université du Texas à Dallas. "Utiliser ce que vous avez, 5rd5s - combiner des souvenirs avec une autre expérience pour faire de nouvelles idées et de nouveaux choix - est une meilleure façon d'utiliser votre cerveau et améliorera votre vie plutôt que de vous inquiéter de votre capacité à "se souvenir" des choses."

- **met en place des routines quotidiennes**

Ne gaspillez pas vos ressources en essayant de vous rappeler où vous avez mis vos clés afin de libérer votre cerveau pour qu'il se souvienne d'informations nouvelles et intéressantes ; il est beaucoup plus facile de retrouver des objets si vous les gardez toujours au même endroit. "Il peut être très utile pour la mémoire d'avoir une routine", dit Zientz. "Les routines nous permettent d'atteindre la productivité afin de ne pas utiliser beaucoup d'énergie cérébrale dans les éléments répétitifs de notre journée." La flexibilité dans notre vie quotidienne nous donne du temps et de la force cérébrale pour faire des choses plus importantes dans notre vie.

- **Utilisez vos sens.**

Si vous devez ranger quelque chose dans un endroit inconnu, dites à voix haute : "Je vais poser mes lunettes de soleil près de la porte, sur la table." Ou répétez son nom lorsque vous rencontrez quelqu'un de nouveau. C'est l'un des exercices qui ont montré que le cerveau est aiguisé. "La plupart d'entre nous apprennent davantage lorsque nous pouvons utiliser plus d'un sens de la connaissance, car cela permet d'inscrire la connaissance dans un contexte plus large", explique Zientz. En laissant vos oreilles enregistrer des données, la recherche suggère que vous êtes plus concentré sur celles-ci et que vous êtes plus susceptible de vous en souvenir plus tard.

- **Ne soyez pas multitâche**

Il n'est pas choquant que lorsque notre concentration est divisée, nous ne puissions pas nous souvenir des choses. "Nous avons maintenant accès à des connaissances incroyables", explique S. et Ra Bond Chapman, docteur en médecine, fondateur et directeur général du Center for BrainHealth. "Cela peut sembler contre-intuitif de ralentir, mais la recherche a montré que plus les gens consomment en même temps, plus leur attention est faible." En rassemblant moins de points de données, vous pouvez gagner du sens, créer de l'information et construire réellement des réseaux cérébraux. "Filtrer ce genre de distractions permet d'améliorer votre concentration", explique Zientz. "Nous devrons tous commencer par supprimer nos téléphones portables et arrêter le multitâche", ajoute-t-elle.

- **Méditer**

Une façon de concentrer votre esprit sur l'amélioration de la mémoire est de commencer la méditation. Selon M. Chapman, la première étape pour améliorer les fonctions cérébrales consiste à "pousser le cerveau" par le calme, et les recherches ont montré que la méditation permet d'éviter les pensées distrayantes, nerveuses et stressantes. Une étude a montré que les étudiants qui suivaient un cours sur la conscience et consacraient 10 minutes par jour à la méditation méditaient davantage que les étudiants qui ne le faisaient pas. La recherche a également montré que la méditation peut réellement modifier la structure de votre cerveau en épaississant les zones de concentration.

- **Organiser l'information**

Les ressources externes peuvent être utilisées pour organiser les informations et libérer la mémoire de travail. Créez des rappels de ce que vous devez faire chaque jour sur votre calendrier mobile, ou utilisez ces 11 façons de coordonner votre technologie. Mieux encore, des études ont montré que le simple fait d'écrire des choses améliore votre mémoire. Ainsi, dans chaque pièce, gardez des billets, laissez des notes et des rappels écrits, et rédigez une liste avant d'arriver au magasin, pour ne rien oublier. Prenez ces notes lorsque vous êtes nouveau - planifier à l'avance vous permet de vous occuper des activités en cours plutôt que de vous inquiéter de ce qui doit être fait plus tard.

- **Sortez et découvrez la nature.**

Cette simple tâche peut augmenter la mémoire de 20 %. En incluant la méditation et les promenades dans la nature, vous apaiserez les pensées distrayantes et nerveuses qui embrouillent la mémoire et vous donnerez à votre cerveau une pause dans le multitâche pour améliorer son rendement ultérieur. Lors d'un test, les personnes ayant voyagé dans la nature avaient une meilleure mémoire que celles ayant marché dans un environnement urbain. "La nature, même lorsqu'elle est vue brièvement, aide le cerveau à se détendre et à se réinitialiser", explique Mme Chapman.

- **Dormez dessus.**

Une étude révèle que les personnes qui dorment pendant sept heures ont une mémoire plus forte que celles qui dorment moins de cinq heures ou plus. C'est peut-être la quantité parfaite pour que le cerveau subisse des modifications chimiques et intègre de nouvelles capacités ou informations dans la mémoire à long terme. "Le sommeil crée des connexions entre les cellules et les différentes régions du cerveau, transférant les informations dans les zones du cerveau qui seront plus efficaces pour les stocker", explique l'expert du sommeil Richard Shane, docteur en médecine, de Sleep Easily System Maker. "Rêver permet de trier et d'organiser les connaissances, de créer des liens, et même de résoudre des problèmes". Tout cela renforce les souvenirs et améliore la mémorisation.

- **Faites une sieste.**

Il n'y a pas que le sommeil de la nuit qui aide à solidifier la mémoire ; des recherches ont montré qu'un bref roupillon pendant la journée peut également améliorer la mémoire. "Dans un test, les gens devaient se rappeler des paires de mots sans rapport entre eux, et après cela, un groupe prenait une collation, et l'autre regardait des vidéos", explique Shane. "Le groupe qui a fait une sieste a montré des gains cinq fois plus importants en matière de mémoire associative - la capacité à se souvenir d'un lien entre des choses sans rapport - par rapport au groupe qui a regardé les vidéos."

- **Faites souvent de l'exercice**

Le mental et le physique sont étroitement liés. "Le mouvement améliore la circulation et apporte au cerveau du sang, de l'oxygène et des nutriments qui peuvent contribuer à ce qu'il soit le plus performant possible", explique Erin Palinski-Wade, RD, CDE, spécialiste du fitness et de la nutrition, du régime Diabète 2 jours. "Des études ont montré une augmentation de la forme physique, de la mémoire et de la concentration juste après une séance d'aérobic, donc faire de petites pauses pendant votre journée de travail peut être bénéfique pour votre corps et votre esprit."

- **Revenez sur vos pas.**

Reculer n'est peut-être pas la première chose qui me vient à l'esprit quand je pense à l'exercice, mais une étude récente a montré que cela aide les gens à se souvenir de choses du passé mieux qu'en avançant ou en s'asseyant, et ce n'est pas seulement le mouvement lui-même : les participants qui ont vu des objets sur une vidéo reculer ou qui ont même pensé qu'ils reculaient s'en sont mieux souvenus. Les chercheurs ont appelé ce phénomène "l'effet mnémonique du voyage dans le temps" et, bien qu'ils ne sachent toujours pas comment il fonctionne, la prochaine fois que vous tenterez de vous souvenir de quelque chose, il pourrait avoir des applications dans le monde réel.

Manger un régime méditerranéen

Des recherches ont montré que la consommation d'un régime méditerranéen - comportant une grande quantité de légumes frais, de fruits, de poisson et de céréales complètes - est liée à une amélioration de la mémoire, du fonctionnement et de la santé à long terme. "Le régime méditerranéen favorise un cœur sain et renforce le système circulatoire ; s'il y a plus de mouvement, l'oxygène et les nutriments peuvent pénétrer plus rapidement dans le cerveau, ce qui peut contribuer à améliorer l'apprentissage et la mémoire", explique Mme Palinski-Wade. "Ce type d'aliment a réduit le risque d'Alzheimer et de déclin cognitif modéré". Vous pouvez également essayer le régime MIND (Mediterranean-DASH diet therapy for the neurodegenerative delay), la combinaison de régimes méditerranéens ou le régime DASH (Dietary Strategies to Avoid Hypertension). Le régime MIND se concentre principalement sur les éléments qui favorisent le bien-être du cerveau et de la mémoire, notamment les légumes à feuilles vertes, les baies et les noix, tout en éliminant les aliments qui diminuent les capacités cognitives, comme la viande rouge, le beurre et les vitamines C et Y.

Réduction de la consommation d'alcool

Des études ont montré que la consommation d'alcool est associée à une diminution des pertes de mémoire. "Une faible consommation d'alcool peut avoir un impact sur la mémoire à court terme, et une consommation régulière modérée à forte peut avoir un effet durable sur le cerveau, car elle peut détruire la matière grise et avoir un effet à long terme sur la mémoire et les fonctions cognitives", déclare Palinski-Wade. "Une consommation excessive d'alcool, même rare, peut entraîner une déshydratation."

Comme une déshydratation, même légère, peut avoir un impact négatif sur la santé mentale, restreindre la consommation d'alcool peut aider à l'éviter. "Pour les femmes, limitez la consommation d'alcool à un verre par jour. Boire plus a un impact sur la santé mentale ; limiter la consommation d'alcool peut aider à éviter cela." "Ne buvez pas plus d'un verre par jour pour les femmes et deux verres pour les hommes afin de préserver la santé de votre cerveau."

Buvez de la caféine

D'un autre côté, une tasse de café pourrait renforcer vos souvenirs. "De petites doses de caféine peuvent vous alarmer, ce qui peut stimuler la mémoire et l'attention - une étude a également révélé que la caféine renforce la mémoire à long terme", explique Palinski-Wade. Veillez à ne pas en boire plus tard dans la journée. "Cependant, une consommation excessive de caféine peut avoir un effet négatif car elle peut réduire la qualité du sommeil, ce qui peut entraîner une perte de mémoire et une diminution de la concentration au fil du temps", a-t-elle ajouté.

Revoyez les informations par la suite.

Chaque fois que vous apprenez quelque chose de nouveau, un moyen idéal de vous rappeler ces connaissances est de les vérifier plus tard et de vous concentrer sur les éléments les plus importants. "Résumer stimule les réseaux frontaux du cerveau afin de "ramasser" divers éléments d'information pour créer quelque chose de nouveau par synthèse ou agrégation", explique Chapman. Selon lui, cela va "gonfler" le cerveau. Lors d'un test, par exemple, les participants qui avaient joué une scène après avoir vu une vidéo s'en souvenaient mieux que ceux qui s'étaient contentés d'un nouveau jeu. Vous apprendrez de nouveaux tours à votre cerveau.

Établir des liens

Vous pouvez également augmenter vos chances de comprendre et d'appliquer les nouvelles connaissances si vous vous identifiez à ce que vous savez déjà. Par exemple, si vous rencontrez quelqu'un qui vous fait penser à un acteur célèbre, servez-vous-en pour vous souvenir de son nom comme d'un crochet de mémoire. "Dès lors que l'on peut ajouter une importance personnelle, cela montre également que l'on est mieux à même de se souvenir", explique M. Zientz. Vous pouvez également utiliser des images mentales - si le nom de famille de quelqu'un, par exemple, est Baker, photographiez-le portant une toque de chef ou Tiffany, un diamant. De même, les sons et les odeurs peuvent former des liens qui renforcent les souvenirs. "Les sons et les odeurs sont fréquemment associés à l'évocation de souvenirs profonds du passé", a expliqué Mme Zientz.

Le yoga pour la confiance en soi

La pratique du yoga est toute activité qui favorise la conscience de soi. Une pratique de yoga consciente du corps inclut un dialogue intérieur délibéré et l'utilisation d'un langage d'affirmation de soi pour changer votre état d'esprit, améliorer votre humeur et finalement renforcer votre sentiment de soi. Le yoga conscient du corps implique une variété d'activités mentales, physiques, auditives et visuelles qui vous aident à prendre conscience de votre dialogue intérieur et à intégrer le langage conscient du corps dans votre vie afin de renforcer votre confiance en vous. Avec le temps et une pratique attentive, les mots des enfants deviendront plus faciles à trouver, et les mots moins aimables ne seront pas si faciles à apparaître.

Pour commencer votre voyage avec attention, essayez ceci la prochaine fois sur votre tapis : faites une pause dans une pose de temps en temps et observez votre discours sur vous-même. Tenez compte de la manière dont votre confiance en vous, optimiste, négative ou neutre, affecte votre confiance en vous à ce moment précis. Considérez la façon dont vous percevez votre corps. Pourquoi gardez-vous votre visage, vos lèvres, votre mâchoire et vos épaules ? Comment votre dialogue intérieur motive-t-il ou désactive-t-il vos sensations physiques et mentales ? Tenez un journal de vos observations pour accroître la conscience de votre corps et reconnaître les tendances qui remettent en cause votre confiance en vous.

Cette pratique de yoga en pleine conscience est un premier pas vers le développement d'une compréhension profonde de la façon dont votre langage intérieur se reflète dans votre attitude, votre posture et votre bien-être général. Cela vous donne également des occasions concentrées d'apprendre plutôt que de juger et vous aide à découvrir de nouveaux renforcements et un nouveau vocabulaire que vous pouvez utiliser sur le tapis et en dehors, pour vous-même et avec les autres.

Votre Cerveau Et Les Régimes Essentiels À Prendre En Compte

Les aliments qui nuisent à votre cerveau

Les sept pires aliments de votre cerveau sont les organes les plus importants de votre corps. Ils permettent à votre cœur d'être stimulé, à vos poumons de bouger et à tous les processus de votre corps de fonctionner. C'est pourquoi il est vital de faire fonctionner votre cerveau de manière optimale grâce à une alimentation équilibrée.

Certains aliments ont un effet sur votre cerveau, affectent votre mémoire et augmentent le risque de démence.

On estime que la démence touchera plus de 65 millions de personnes dans le monde d'ici 2030. Heureusement, en éliminant un aliment de votre alimentation, vous pouvez contribuer à réduire le risque de maladie.

Voici les sept (7) pires aliments pour votre cerveau :

1. Boissons sucrées

Les boissons comme les sodas, les boissons pour sportifs, les boissons énergisantes et les jus de fruits sont des boissons sucrées.

Une consommation importante de boissons sucrées augmente non seulement votre tour de taille et le risque de diabète de type 2 et de maladies cardiaques, mais a également un impact négatif sur le cerveau.

La consommation excessive de boissons sucrées augmente la probabilité de développer un diabète de type 2 et il a été prouvé que la maladie d'Alzheimer est plus probable.

Un taux de glycémie élevé peut également augmenter le risque de démence, même chez les personnes non diabétiques.

De nombreuses boissons au saccharose sont fabriquées avec du HFCS, qui est composé de 55 % de fructose et de 45 % de glucose.

Une consommation élevée de fructose peut entraîner l'obésité, l'hypertension artérielle, l'hyperlipidémie, le diabète et le dysfonctionnement des artères. Ces aspects du syndrome métabolique peuvent augmenter le risque de démence à long terme.

Des études sur les animaux ont démontré qu'une consommation élevée de fructose peut contribuer à la résistance à l'insuline du cerveau, aux fonctions cérébrales, à la mémoire, à l'apprentissage et à la formation des neurones du cerveau.

Des recherches menées sur des rats ont montré qu'un régime riche en sucres améliorait l'inflammation comportementale et la mémoire. En outre, les rats dont le régime contenait 11 % de HFCS étaient plus faibles que ceux dont le régime contenait 11 % de sucre normal.

Une autre étude a révélé que les rats nourris avec des régimes à haute teneur en fructose prenaient du poids, avaient une mauvaise régulation de la glycémie et étaient plus susceptibles de développer des troubles métaboliques et des pertes de mémoire.

Bien que d'autres études sur l'homme soient nécessaires, les résultats suggèrent que des apports élevés en fructose provenant de boissons sucrées peuvent avoir des effets plus négatifs sur le cerveau que les effets du sucre.

Les alternatives au sucre sont le café, le thé glacé non sucré, le jus de légumes et les produits laitiers non sucrés.

RÉSUMÉ : Une consommation élevée de boissons sucrées peut augmenter le risque de démence. Le sirop de maïs à haute teneur en fructose (HFCS) peut être particulièrement nocif pour le cerveau, provoquant une inflammation et des troubles de la mémoire et de l'apprentissage. Des études humaines supplémentaires sont nécessaires.

1. *Les glucides raffinés*

Les sucres et les céréales fortement transformées, comme la farine blanche, se trouvent dans les glucides raffinés.

Ces glucides ont généralement un indice glycémique (IG) élevé. Cela signifie que l'organisme les digère rapidement, ce qui déclenche un pic de glycémie et d'insuline.

En outre, ces aliments ont également une charge glycémique (CG) élevée lorsqu'ils sont consommés en grande quantité. La CG est une mesure de la quantité d'aliments qui augmente le taux de sucre dans le sang en fonction de la taille des portions.

Il a été démontré que les produits à IG et à GL élevés affectent l'activité du cerveau.

Des recherches ont montré qu'un seul repas à forte charge glycémique affecte la mémoire des enfants et des adultes.

L'étude menée sur des étudiants universitaires équilibrés a montré que ceux dont la consommation de graisses et de sucres raffinés était plus élevée étaient également plus pauvres.

Cet effet sur la mémoire peut être déclenché par une inflammation de l'hippocampe, qui affecte d'autres aspects du cerveau, et par les réactions à la faim et à la satiété.

L'inflammation est considérée comme un facteur de risque pour les troubles cérébraux dégénératifs, notamment la maladie d'Alzheimer et la maladie de Parkinson.

Par exemple, une étude s'est penchée sur des personnes âgées qui avaient utilisé les glucides pour consommer plus de 58 % de leurs calories quotidiennes. L'étude a révélé que le risque de maladie mentale légère et de démence avait presque doublé.

Les glucides peuvent également avoir d'autres effets sur le cerveau. Par exemple, une étude a révélé que les enfants âgés de six à sept ans dont le régime alimentaire était riche en glucides raffinés étaient également moins réactifs.

Mais cette étude ne permet pas de dire avec certitude si ces valeurs inférieures étaient dues aux glucides raffinés ou si les deux éléments étaient simplement liés.

Les aliments à faible IG comprennent les légumes, les bananes, les légumineuses et les céréales complètes. Cette base de données peut être utilisée pour trouver l'IG et le GL d'aliments courants.

RÉSUMÉ : *La* consommation élevée de glucides raffinés à indice glycémique élevé (IG) et à charge glycémique (GL) chez l'homme affecte la mémoire et l'intelligence et augmente le risque de démence. Le sucre et les céréales fortement transformées comme la farine blanche en font partie.

1. *les aliments riches en acides gras trans*

Les graisses trans sont une forme de graisse insaturée qui peut endommager la sécurité du cerveau.

Les graisses trans sont naturellement présentes dans les produits animaux tels que la viande et le lait, mais elles ne constituent pas un problème majeur. Les graisses trans fabriquées industriellement, souvent appelées huiles végétales hydrogénées, sont préoccupantes.

Ces graisses trans-artificielles peuvent être utilisées dans le shortening, la margarine, les glaçages, les snacks, les gâteaux et les biscuits préemballés.

Des études ont montré que si les personnes consomment de grandes quantités de graisses trans, le risque de maladie d'Alzheimer, de troubles de la mémoire, de diminution du volume du cerveau et de diminution des capacités cognitives tend à augmenter.

Cependant, certaines études n'ont pas trouvé de corrélation entre la consommation de graisses trans et la santé du cerveau. Les graisses trans sont toutefois à éviter. Ils peuvent nuire à de nombreux autres aspects de la santé, notamment la santé cardiaque et l'inflammation.

Il existe des preuves de la présence de graisses saturées en association. Trois études ont révélé une corrélation positive entre la consommation de graisses saturées et le risque de maladie d'Alzheimer, et l'effet inverse a été observé dans une quatrième étude.

L'un des facteurs pourrait être la susceptibilité génétique d'un sous-ensemble de populations de chercheurs à la maladie causée par un gène appelé ApoE4. Cependant, des travaux supplémentaires sont nécessaires à ce sujet.

Une étude portant sur 38 femmes a révélé que les tests de mémoire et de compréhension étaient moins bons chez celles qui mangeaient des graisses saturées que chez celles qui mangeaient des graisses non saturées.

Non seulement le type de graisse dans l'alimentation mais aussi la quantité de graisse dans l'alimentation peuvent être importants.

On a constaté que les régimes riches en acides gras oméga-3, par exemple, protègent contre le déclin cognitif. Les sécrétions d'oméga-3 de composés anti-inflammatoires dans le cerveau sont augmentées et peuvent être protectrices, en particulier chez les personnes âgées.

Vous augmenterez la quantité d'acides gras oméga-3 dans votre alimentation en consommant des aliments tels que le poisson, les graines de chia, le lin et les noix.

RÉSUMÉ : Les graisses trans peuvent être associées aux troubles de la mémoire et au risque de maladie d'Alzheimer, mais les preuves sont contradictoires. L'élimination complète des graisses trans et l'augmentation des graisses insaturées dans l'alimentation peuvent être de bonnes stratégies.

1. *les aliments hautement transformés*

Les aliments ultra-transformés sont généralement riches en sucre, en graisses et en sel.

Il contient des articles tels que des biscuits, des bonbons, des nouilles instantanées, du pop-corn pour micro-ondes, des sauces de courses et des plats cuisinés.

Ces aliments contiennent généralement beaucoup de calories et peu de nutriments. Ce sont les types d'aliments qui entraînent une prise de poids, ce qui peut avoir un impact négatif sur la santé du cerveau.

Des recherches ont montré qu'un taux élevé de graisse, ou graisse viscérale, autour du cœur est associé à des lésions du tissu cérébral. Une autre étude portant sur 130 personnes a montré que même dans les premiers stades du syndrome métabolique, le tissu cérébral décline.

Les nutriments contenus dans les aliments transformés de l'alimentation occidentale peuvent également nuire au cerveau et provoquer des maladies qui s'aggravent avec le temps.

Une étude portant sur 52 personnes a révélé qu'un régime alimentaire riche en ingrédients malsains entraînait une diminution du métabolisme et du tissu cérébral. De telles causes sont connues pour marquer la maladie d'Alzheimer.

Une autre étude portant sur 18 080 personnes a révélé qu'un régime alimentaire riche en aliments frits et en viandes transformées donne lieu à des scores d'apprentissage et de mémoire plus faibles.

Une autre enquête à grande échelle portant sur 5 038 personnes a abouti à des conclusions similaires. L'inflammation et la détérioration rapide de la pensée pendant dix ans ont culminé avec un régime alimentaire riche en viande rouge, en viande transformée, en haricots cuits et en aliments frits.

Dans des études animales, des rats ont été soumis à un régime riche en graisses et en sucres pendant huit mois, ce qui a entraîné une perte d'apprentissage et des changements négatifs dans la plasticité du cerveau. Une autre étude a révélé que la barrière hémato-encéphalique était perturbée par des rats soumis à un régime hypercalorique.

Pour le reste du corps, la barrière hémato-encéphalique est une membrane située entre le cerveau et le sang. Elle permet de protéger le cerveau en évitant l'entrée de certaines substances chimiques.

L'une des façons dont les aliments transformés peuvent nuire au cerveau est de réduire le développement d'une molécule appelée BDNF.

Dans de nombreuses parties du cerveau, notamment l'hippocampe, cette enzyme est importante pour la mémoire à long terme, l'apprentissage et la croissance de nouveaux neurones. Toute diminution peut donc avoir un effet négatif sur ces fonctions.

On peut éviter les aliments transformés en consommant principalement des fruits, des légumes, des noix, des céréales, des légumineuses, de la viande et du poisson. Il a également été démontré qu'un régime de type méditerranéen protège contre le déclin cognitif.

RÉSUMÉ : Les aliments transformés entraînent un excès de graisse dans les organes, ce qui a été lié à une diminution du tissu cérébral. En outre, les régimes de style occidental peuvent accroître l'inflammation du cerveau et affecter la mémoire, l'apprentissage et la plasticité cérébrale.

1. Aspartame

Il s'agit d'un édulcorant artificiel que l'on trouve dans un large éventail d'aliments sans sucre.

Les gens l'utilisent aussi parce qu'ils veulent perdre du poids ou arrêter de manger du sucre parce qu'ils souffrent de diabète. Il est également présent dans d'autres produits de consommation qui ne sont pas expressément destinés aux personnes atteintes de diabète.

Pourtant, cet édulcorant courant était lié à des problèmes de comportement et de réflexion, bien que la recherche soit controversée.

L'aspartame est composé de phénylalanine, d'acide aspartique et de méthanol.

La phénylalanine peut traverser la barrière hémato-encéphalique et perturber le développement des neurotransmetteurs. En outre, l'aspartame est un facteur de stress chimique qui peut rendre le cerveau plus vulnérable au stress oxydatif.

Certains scientifiques ont proposé que ces facteurs puissent contribuer aux effets négatifs sur l'apprentissage et les émotions, qui ont été observés davantage que l'aspartame.

Une étude a examiné les effets d'un régime riche en aspartame. Pendant huit jours, les participants ont mangé environ 11 mg d'aspartame par livre de poids corporel (ou 25 mg par kg).

À la fin de l'étude, ils étaient plus irritables et déprimés, et les tests mentaux étaient moins réussis.

Une autre étude a montré que les personnes qui consommaient des boissons gazeuses sucrées artificiellement présentaient un risque accru d'accident vasculaire cérébral et de démence, bien qu'aucune forme particulière d'édulcorant n'ait été suggérée.

Ces résultats ont également été confirmés par certains travaux de laboratoire sur des souris et des rats.

Une étude portant sur des souris nourries régulièrement à l'aspartame a révélé que la mémoire était altérée et que le stress oxydatif dans le cerveau augmentait, tandis qu'une autre étude a révélé que l'apport d'antioxydants à long terme était déséquilibré dans le cerveau.

D'autres études sur les animaux n'ont révélé aucun effet indésirable, mais il s'agissait surtout d'essais massifs à dose unique plutôt que d'essais à long terme. Les souris et les rats seraient également 60 fois moins sensibles à la phénylalanine que les humains.

Compte tenu de ces résultats, l'aspartame reste un édulcorant sain en général si les personnes consomment environ 18-23 mg/ppb (40-50 mg/kg) de poids corporel par jour ou moins.

Selon ces directives, une personne pesant 68 kg (150 pounds) doit limiter sa consommation d'aspartame à un maximum d'environ 3 400 mg par jour.

Un sachet d'édulcorant contient environ 35 mg d'aspartame, et un soda light de 340 ml (12 onces) en contient environ 180 mg. Les quantités varient en fonction de la marque.

Cependant, de nombreuses études ont montré que l'aspartame n'a pas d'effets négatifs.

Toutefois, à moins que vous ne souhaitiez l'arrêter, vous pouvez facilement réduire votre alimentation en supprimant les édulcorants artificiels et le sucre ajouté.

RÉSUMÉ : _L'aspartame est un édulcorant synthétique que l'on trouve dans de nombreux produits non sucrés et boissons gazeuses._ Il a été corrélé à des troubles comportementaux et cognitifs, mais il est considéré comme un médicament globalement sain.

1. Bière

La bière peut être un bon complément à un bon repas lorsqu'elle est consommée avec modération. Une consommation excessive peut toutefois avoir des effets importants sur le cerveau. La consommation chronique d'alcool entraîne une réduction du volume du cerveau, des changements métaboliques et la dégradation des substances chimiques qui communiquent avec le cerveau, les neurotransmetteurs.

Les alcooliques présentent souvent une carence en vitamine B1. Cela peut contribuer à un trouble cérébral appelé encéphalopathie de Wernicke, qui peut devenir le syndrome de Korsakoff. Cette affection se caractérise par de graves lésions cérébrales, notamment des pertes de mémoire, des troubles de la vision, de l'anxiété et de l'insécurité. La consommation excessive d'alcool peut également avoir des effets négatifs sur les personnes non alcooliques.

Les épisodes de consommation massive et ponctuelle d'alcool sont connus sous le nom de "binge drinking", qui peuvent amener le cerveau à interpréter les signaux émotionnels différemment de la normale. Pour commencer, les gens sont moins sensibles aux visages tristes et plus sensibles à la colère.

On pense que ces améliorations de la perception émotionnelle sont une cause de l'agression liée à l'alcool.

La consommation d'alcool peut également avoir des effets dévastateurs sur le fœtus pendant la grossesse. Alors que leur cerveau continue de se développer, les effets toxiques de l'alcool contribueront à des troubles du développement tels que le syndrome d'alcoolisme fœtal.

Les effets de l'abus d'alcool chez les jeunes peuvent également être particulièrement néfastes car le cerveau continue de se développer. Les adolescents qui consomment de l'alcool présentent davantage de troubles cérébraux, structurels et comportementaux que ceux qui n'en consomment pas.

Les boissons alcoolisées combinées aux boissons énergisantes sont particulièrement préoccupantes. Elles entraînent des taux de consommation d'alcool plus élevés, une conduite en état d'ivresse, des comportements à risque et un risque accru de dépendance à l'alcool.

Un autre effet de l'alcool est la perturbation du cycle du sommeil. Avant le coucher, la consommation d'alcool est associée à une mauvaise qualité du sommeil, ce qui peut entraîner une privation chronique de sommeil.

Néanmoins, une consommation modérée d'alcool peut avoir des effets bénéfiques, notamment une meilleure santé cardiaque et un risque moindre de diabète. Ces effets positifs sont particulièrement perceptibles avec la consommation quotidienne d'un verre de vin.

En définitive, vous devez éviter la surconsommation d'alcool, en particulier si vous êtes un jeune adulte ou un adolescent, et éviter complètement le binge drinking.

Il est préférable d'éviter de boire de l'alcool lorsque vous êtes enceinte.

RÉSUMÉ : Si une consommation modérée d'alcool peut être bénéfique pour la santé, une consommation excessive peut entraîner des pertes de mémoire, des changements de comportement et des troubles du sommeil. Les adolescents, les jeunes adultes et les femmes enceintes sont des groupes particulièrement à risque.

1. Poissons à forte teneur en mercure

Il s'agit d'un contaminant à base de métaux lourds et d'une toxine neurologique qui peut se conserver longtemps dans les tissus des animaux. Les poissons prédateurs sont particulièrement sensibles à l'accumulation de mercure et peuvent supporter plus d'un million de fois la concentration de l'eau environnante. Pour cette raison, les fruits de mer, en particulier les variétés sauvages, constituent la principale source alimentaire de mercure chez l'homme.

Après qu'une personne a ingéré du mercure, celui-ci se répand dans tout le corps et se concentre dans le cerveau, le foie et les reins. Il se concentre également sur le placenta et le fœtus chez les femmes enceintes.

L'empoisonnement au mercure cause des dommages au cerveau en détruisant le système nerveux central et en stimulant les neurotransmetteurs et les neurotoxines.

Le mercure peut interrompre la croissance du cerveau et provoquer la dégradation des composants cellulaires pendant la croissance des fœtus et des jeunes enfants. Cela peut entraîner une paralysie cérébrale et d'autres retards et déficits de développement.

Certains poissons, cependant, ne sont pas une source importante de mercure. Le poisson est en fait une protéine de haute qualité et contient de nombreux nutriments importants, par exemple des acides gras oméga-3, de la vitamine B12, du zinc, du fer et du magnésium. Le poisson doit également être utilisé dans le cadre d'une alimentation équilibrée.

Il est généralement préférable pour les adultes de consommer entre deux et trois portions de poisson par semaine. Toutefois, ne consommez qu'une portion si vous mangez du requin ou de l'espadon et aucun autre poisson cette semaine-là.

Les femmes et les enfants enceintes, notamment le requin, l'espadon, le thon, l'hoplostète orange, le maquereau royal et le tilefish, doivent éviter et limiter les poissons à forte teneur en mercure. Cependant, deux à trois portions d'autres poissons à faible teneur en mercure par semaine sont toujours gratuites.

Les recommandations varient d'un pays à l'autre, en fonction des espèces de poissons. Il est donc toujours préférable de tester les recommandations qui vous conviennent auprès de votre agence locale de sécurité alimentaire.

Si vous pêchez vos propres poissons, il est également judicieux de tester les niveaux de mercure dans l'eau auprès des autorités locales.

RÉSUMÉ : Le mercure est un élément neurotoxique qui peut particulièrement nuire à la croissance des fœtus et des jeunes enfants. Les poissons marins massifs, dont le requin et l'espadon, en sont l'élément clé. Il est préférable de réduire la consommation de poissons riches en mercure.

Ligne de fond

En définitive, le fond de votre régime alimentaire a un effet important sur votre santé.

Les aliments riches en sucre, en huiles raffinées, en graisses malsaines et les aliments transformés peuvent entraîner des troubles de la mémoire et de l'apprentissage, et augmenter le risque de maladies telles que la maladie d'Alzheimer et la démence.

Plusieurs autres composés alimentaires sont également nocifs pour votre cerveau. Lorsqu'il est ingéré en grandes quantités, l'alcool peut causer des dommages importants au cerveau, et le mercure contenu dans les fruits de mer peut être neurotoxique et causer des dommages irréversibles au cerveau en développement.

Cela ne signifie pas pour autant que tous ces aliments doivent être évités. Certains aliments, comme l'alcool et les fruits de mer, présentent également des avantages pour la santé.

Une alimentation riche en aliments complets, frais et équilibrés est l'une des meilleures choses que vous puissiez faire pour votre cerveau.

LES MEILLEURS ALIMENTS POUR AMÉLIORER VOTRE MÉMOIRE ET VOTRE CERVEAU

Votre cerveau est très important. En tant que centre de contrôle de votre corps, il commande votre cœur et votre respiration pulmonaire et vous permet de bouger, de sentir et de penser. C'est pourquoi il est judicieux d'avoir un cerveau en parfait état de marche. Les aliments que vous consommez jouent un rôle dans le maintien d'un cerveau sain et peuvent améliorer certaines fonctions mentales, notamment la mémoire et l'attention.

Ce livre énumère onze (11) aliments qui améliorent votre cerveau.

1. Poisson gras

Lorsque l'on parle d'aliments pour le cerveau, les poissons gras sont toujours en tête de liste. Le poisson gras, ce type de poisson, comprend le saumon, la truite et les sardines, qui sont tous de riches sources d'acides gras oméga-3. Environ 60 % de votre cerveau est constitué de graisses, et la moitié de ces graisses sont des oméga-3. Le cerveau construit les cellules cérébrales et nerveuses avec des acides gras oméga-3, et ces graisses sont importantes pour l'apprentissage et la mémoire. Les oméga-3 aident même votre cerveau à plusieurs reprises.

D'une part, la détérioration mentale liée à l'âge peut retarder et aider à prévenir la maladie d'Alzheimer. D'autre part, une consommation insuffisante d'acides gras oméga-3 est corrélée à des troubles cognitifs et à la dépression. D'une manière générale, la consommation de poisson tend à être bénéfique pour la santé.

Une étude a montré que les personnes qui mangent quotidiennement du poisson cuit au four ou grillé ont davantage de matière grise dans le cerveau. La matière grise contient la plupart des cellules nerveuses, qui contrôlent la prise de décision, la mémoire et les émotions.

En général, les poissons gras sont une alternative parfaite pour le bien-être du cerveau.

RÉSUMÉ : *Le* poisson gras, un élément constitutif essentiel du cerveau, est une riche source d'oméga-3. Les oméga-3 aident à aiguiser votre mémoire, à améliorer votre humeur et à défendre votre cerveau contre la dégradation.

1. Café

Si le point fort de votre matinée est le café, vous êtes heureux de savoir qu'il est bon pour vous.

Le cerveau peut être renforcé par deux composants clés du café : la caféine et les antioxydants.

Le café a une variété d'effets positifs sur l'esprit, notamment :

- *Augmentation de la vigilance.* La caféine maintient le cerveau en alerte en bloquant l'adénosine.
- *Amélioration de l'humeur :* La caféine peut également améliorer certains de vos neurotransmetteurs "de bonne humeur", comme la sérotonine.
- *Une concentration accrue :* Une étude montre que lorsque les participants buvaient un grand café le matin ou de plus petites quantités au cours de la journée, le travail nécessitant de la concentration était plus efficace.

La consommation de café à long terme est souvent associée à une diminution du risque de troubles neurologiques, par exemple la maladie de Parkinson et la maladie d'Alzheimer.

Cela peut être attribué, au moins en partie, à la forte concentration d'antioxydants dans le café.

Résumé : Le café améliore la conscience et l'humeur. Grâce à sa caféine et à ses antioxydants, il peut également fournir une certaine défense contre la maladie d'Alzheimer.

1. *Myrtilles*

Les myrtilles offrent divers avantages pour la santé, dont certains sont propres à votre cerveau.

Les myrtilles et autres appâts très colorés contiennent des anthocyanines, un groupe de composés végétaux anti-inflammatoires et antioxydants.

Les antioxydants agissent contre le stress oxydatif et inflammatoire, facteurs qui peuvent entraîner la détérioration du cerveau et les maladies neurodégénératives.

On a constaté que certains antioxydants de la myrtille s'accumulent dans le cerveau et contribuent à améliorer la communication entre les cellules cérébrales.

Des études sur les animaux ont montré que les myrtilles améliorent la mémoire et peuvent même prévenir la perte de mémoire pendant une courte période.

Saupoudrez-les sur vos céréales pour le petit-déjeuner ou ajoutez-les à votre smoothie.

Résumé : Les myrtilles contiennent des antioxydants qui peuvent ralentir le vieillissement du cerveau et améliorer la mémoire.

1. *Curcuma*

Le curcuma a récemment fait beaucoup parler de lui.

Cette épice jaune est un ingrédient principal de la poudre de curry et présente de nombreux avantages pour le cerveau.

Il a été démontré que la curcumine, l'ingrédient actif du curcuma, traverse la barrière hémato-encéphalique et peut donc atteindre directement le cerveau et aider les cellules.

- **Soutenir la mémoire :** La curcumine peut contribuer à améliorer la mémoire des personnes souffrant d'Alzheimer. Il s'agit d'un puissant agent antioxydant et anti-inflammatoire, lié aux bénéfices suivants pour le cerveau : Les plaques amyloïdes qui sont une caractéristique de cette maladie peuvent également être visibles.
- **Dépression : Elle augmente la sérotonine et la dopamine, deux substances qui améliorent l'humeur.** Une étude a montré que la curcumine réduisait les symptômes de la dépression sur six semaines, comme avec un antidépresseur.
- **Soutien au développement de nouvelles cellules cérébrales :** La curcumine améliore le facteur neurotrophique dérivé du foie, un type d'hormone de croissance qui permet le développement des cellules cérébrales. Elle peut contribuer à retarder la détérioration mentale associée au vieillissement, mais des travaux supplémentaires sont nécessaires.

Essayez de cuisiner avec de la poudre de groseille et d'ajouter du curcuma aux plats de pommes de terre pour en faire de l'or ou du thé au curcuma pour profiter des bienfaits de la curcumine.

Résumé : Le curcuma et son ingrédient actif, la curcumine, ont de fortes propriétés anti-inflammatoires et antioxydantes qui soutiennent le cerveau. Des études ont permis de déceler des signes de dépression et de maladie d'Alzheimer.

1. Brocoli

Il est rempli de composés végétaux puissants, dont des antioxydants.

Il est également très riche en vitamine K. Une portion d'une tasse (91 grammes) fournit plus de 100 % de l'apport journalier recommandé (AJR).

Cette vitamine liposoluble joue un rôle important dans la formation des sphingolipides, un type de graisse très présent dans les cellules du cerveau.

Plusieurs études menées chez des personnes âgées ont associé un apport plus important en vitamine K à une meilleure mémoire.

Le brocoli contient, outre la vitamine K, de nombreux composés susceptibles de protéger le cerveau des dommages. Ces composés ont des effets anti-inflammatoires et antioxydants.

Le brocoli contient un certain nombre de composés anti-inflammatoires et antioxydants, dont la vitamine K.

1. *Graines de citrouille*

Les antioxydants contenus dans les graines de courge protègent le corps et l'esprit des dommages causés par les radicaux libres.

Ils sont également une source importante de magnésium, de fer, de zinc et de cuivre.

Lequel des nutriments suivants est vital pour la santé du cerveau ?

- *Zinc :* Le zinc est nécessaire à la signalisation des nerfs. La carence en zinc a été associée à de nombreux troubles neurologiques, notamment la maladie d'Alzheimer, la maladie de Parkinson et la dépression.

- *Le magnésium :* Le magnésium est important pour l'apprentissage et la mémoire. De nombreux troubles neurologiques, dont les migraines, la dépression et l'épilepsie, sont associés à un faible taux de magnésium.
- *Le cuivre :* Le cerveau utilise le cuivre pour alimenter les signaux nerveux. S'il vient à l'improviste, les troubles neurodégénératifs, comme la maladie d'Alzheimer, sont plus susceptibles de survenir.
- *Fer :* La carence en fer se caractérise souvent par un brouillard cérébral et des lésions cérébrales.

Les recherches portent principalement sur ces micronutriments plutôt que sur les graines de courge. Mais comme les graines de courge contiennent de grandes quantités de ces micronutriments, il est possible que vous tiriez profit de l'ajout de graines de courge à votre régime alimentaire.

Résumé : Les graines de citrouille sont riches en de nombreux micronutriments, dont le cuivre, le fer, le magnésium et le zinc, qui sont importants pour le fonctionnement du cerveau.

1. *Chocolat noir*

Le chocolat noir, le cacao et d'autres substances, comme les flavonoïdes, la caféine et les antioxydants, contiennent quelques substances qui améliorent le cerveau.

Les flavonoïdes sont une catégorie d'antioxydants végétaux.

Les flavonoïdes du chocolat se trouvent dans les zones du cerveau qui traitent de la pensée et de la mémoire. Les chercheurs suggèrent que ces composés peuvent améliorer la mémoire et également ralentir le développement mental.

En outre, plusieurs études l'ont confirmé.

Dans une enquête menée auprès de plus de 900 participants, les personnes qui ont consommé du chocolat ont obtenu de meilleurs résultats dans une série d'activités mentales, comme le rappel de souvenirs, que les personnes qui en mangeaient rarement.

Selon l'étude, le chocolat est également un stimulant légitime de l'humeur.

Une étude a montré que les personnes qui mangeaient du chocolat avaient des sentiments plus positifs que celles qui mangeaient des biscuits.

On ne sait toutefois pas si cela est dû aux additifs du chocolat ou simplement au fait que le goût délicieux rend les gens heureux.

Résumé : Les flavonoïdes du chocolat peuvent contribuer à protéger le cerveau. Des recherches ont montré que manger du chocolat peut améliorer à la fois la mémoire et l'humeur.

1. *Noix*

Des recherches ont montré que la consommation de fruits à coque peut améliorer la santé cardiaque, et qu'un cœur sain est corrélé à un cerveau sain.

Une étude réalisée en 2014 a révélé que les noix peuvent améliorer la mémoire et même prévenir les maladies neurodégénératives.

Une autre étude importante a également montré que les personnes qui consomment des noix de façon régulière depuis plusieurs années ont une meilleure mémoire que les femmes qui n'en ont pas mangé.

Certains aliments, comme les graisses saines, les antioxydants et la vitamine E, peuvent expliquer leurs bienfaits sur le cerveau.

La vitamine E prévient les dommages causés par les radicaux libres aux membranes cellulaires, ce qui contribue à ralentir le déclin mental.

Les noix peuvent avoir un avantage supplémentaire, mais tous les fruits à coque sont bons pour votre cerveau car ils contiennent également des acides gras oméga-3.

RÉSUMÉ : Les noix contiennent une variété de nutriments qui améliorent le cerveau, notamment de la vitamine E, des graisses saines et des composés végétaux.

1. Oranges

Vous devez manger une pomme moyenne en une journée pour obtenir toute la vitamine C dont vous avez besoin.

En ce qui concerne la santé du cerveau, cet aspect est essentiel, car la vitamine C est un facteur clé pour éviter le déclin mental.

Selon un article de synthèse de 2014, manger suffisamment d'aliments riches en vitamine C protège contre le déclin mental avec l'âge et la maladie d'Alzheimer.

La vitamine C est un antioxydant efficace pour combattre les radicaux libres, qui peuvent endommager les cellules du cerveau. Par conséquent, la vitamine C améliore le développement mental à mesure que l'on vieillit.

La vitamine C peut également provenir des poivrons, des goyaves, des kiwis, des tomates et des fraises.

RÉSUMÉ : Les oranges et autres aliments riches en vitamine C peuvent contribuer à protéger votre cerveau des radicaux libres.

1. Œufs

Les œufs sont une bonne source de plusieurs nutriments pour la santé du cerveau, notamment les vitamines B6 et B12, les folates et la choline.

La choline est un micronutriment essentiel que votre organisme utilise pour produire de l'acétylcholine, qui aide à contrôler l'humeur et la mémoire.

Deux études ont montré que des apports plus élevés en choline sont corrélés à une amélioration de la mémoire et des fonctions mentales.

De nombreuses personnes ne consomment pas assez de choline dans leur alimentation.

Manger des œufs est simple puisque le jaune d'œuf est l'une des sources les plus concentrées de choline.

La consommation de choline est de 425 mg par jour pour la majorité des femmes et de 550 mg par jour pour les hommes ; un seul jaune d'œuf en contient 112 mg.

La vitamine B12 joue également de nombreux rôles dans la protection du cerveau.

Tout d'abord, la progression de la détérioration mentale chez les personnes âgées peut être retardée.

Une carence était également liée à la dépression dans deux formes de vitamines B : le folate et la B12.

La carence en folates est fréquente chez les personnes âgées atteintes de démence, et des études montrent que la supplémentation en acide folique peut réduire la détérioration mentale due à l'âge.

La B12 est également impliquée dans la syncrétisation chimique du cerveau et la régulation du sucre dans le cerveau.

Il convient de noter que très peu de travaux sont menés sur la relation entre les œufs et la santé du cerveau. Cependant, les effets bénéfiques pour le cerveau des nutriments présents dans les œufs sont reconnus.

RÉSUMÉ : Les œufs sont une riche source de diverses vitamines B et de choline qui sont essentielles au bon fonctionnement et au développement du cerveau et de l'humeur.

1. Thé vert

Comme pour le café, la caféine contenue dans le thé vert améliore l'activité du cerveau.

En réalité, la vigilance, l'efficacité, la mémoire et la concentration se sont toutes améliorées.

Cependant, le thé vert possède également d'autres composants qui en font une boisson sûre pour le cerveau.

La L-théanine est un acide aminé qui traverse la barrière hémato-encéphalique et renforce l'activité du neurotransmetteur GABA, ce qui contribue à réduire l'anxiété et à favoriser la relaxation.

La l-théanine accélère également les ondes alpha du cerveau, ce qui permet de se détendre sans se fatiguer.

Une analyse a révélé que la L-théanine peut vous aider à vous détendre en contrebalançant les effets calmants de la caféine contenue dans le thé vert.

Il est également riche en polyphénols et en antioxydants qui peuvent protéger le cerveau contre les maladies mentales et réduire le risque de maladie d'Alzheimer et de Parkinson. En outre, le thé vert améliore la mémoire.

RÉSUMÉ : Le thé vert est une boisson parfaite pour votre cerveau. Sa teneur en caféine augmente la vigilance, tandis que ses antioxydants protègent le cerveau et que la L-théanine vous aide à vous détendre.

Bottom-Line

De nombreux aliments contribuent à l'équilibre de votre cerveau.

Certains des aliments de cette liste, comme les fruits et légumes, le thé et le café, contiennent des antioxydants qui aident à protéger votre cerveau contre les dommages.

Certains, dont les noix et les œufs, fournissent des nutriments pour la mémoire et la croissance du cerveau.

Vous améliorerez la santé de votre cerveau et augmenterez votre vigilance, votre mémoire et votre humeur en utilisant ces aliments de manière stratégique dans votre alimentation.

Les effets de l'huile de poisson oméga-3 sur votre cerveau et votre santé mentale

Le poisson est un complément courant, en particulier les poissons gras comme les sardines, les anchois, les choux et le saumon. L'huile de poisson contient principalement deux types d'acides gras oméga-3 : l'acide eicosapentaénoïque (EPA) et l'acide docosahexaénoïque (DHA), tous deux connus pour leurs bienfaits sur la santé cardiaque et la peau. L'effet de l'huile de poisson sur le cerveau, notamment en ce qui concerne les pertes de mémoire légères et la dépression, est également étonnant.

Ce livre examine les recherches sur les effets des acides gras oméga-3 contenus dans l'huile de poisson sur le cerveau et la santé mentale.

Que sont exactement les huiles de poisson oméga-3 ?

Les acides gras oméga-3 sont des graisses polyinsaturées qui sont à l'origine de la plupart des bienfaits de l'huile de poisson pour le cerveau et la santé mentale. Acides gras L'huile de poisson comprend deux formes principales d'acides gras oméga-3, l'EPA et le DHA.

Ces deux acides gras forment une partie de la membrane cellulaire et ont de fortes fonctions anti-inflammatoires dans l'organisme. Ils sont également connus pour leurs positions importantes dans le cœur et le développement humain.

Dans l'alimentation humaine, l'EPA et le DHA sont présents presque exclusivement dans les poissons gras et les huiles de poisson. Comme la plupart des gens ne consomment pas les quantités requises de poisson, il est possible que de nombreuses personnes ne reçoivent pas suffisamment d'EPA et de DHA dans leur alimentation.

Un autre oméga-3 appelé acide alpha-linolénique (ALA) peut rendre l'EPA et le DHA dans l'organisme. Les sources alimentaires d'ALA sont les noix, les graines de lin, les graines de chia, l'huile de canola, les graines de soja et l'huile de soja.

Mais l'homme ne peut pas convertir très efficacement l'ALA en EPA et DHA, les estimations suggérant que moins de 10 % de votre consommation d'ALA est convertie en EPA ou DHA.

La prise d'huile de poisson peut donc être une bonne option, notamment pour ceux qui ne mangent pas beaucoup de poisson mais qui cherchent tout de même à bénéficier de certains des avantages pour la santé des acides gras oméga-3.

Résumé : Les deux principaux acides gras oméga-3 présents dans l'huile de poisson sont l'EPA et le DHA. Étant donné que les gens ne respectent pas toujours les apports recommandés en poisson, des suppléments d'huile de poisson peuvent vous apporter les avantages des oméga-3 pour la santé.

Quel est l'impact des oméga-3 sur le cerveau ?

Les acides gras oméga-3 EPA et DHA sont essentiels au fonctionnement et à la croissance normaux du cerveau à tous les stades de la vie.

L'EPA et le DHA ont tendance à jouer un rôle important dans le cerveau du nourrisson. Certaines études ont en fait associé la consommation et l'utilisation d'huile de poisson par les femmes enceintes à de meilleurs résultats de leurs enfants aux tests d'intelligence et au développement cérébral de la petite enfance.

Ces acides gras sont également importants tout au long de la vie pour préserver le fonctionnement normal du cerveau. Ils sont abondants dans les membranes des cellules cérébrales, où ils protègent l'intégrité de la membrane et facilitent la communication entre les cellules cérébrales.

Lorsque les animaux sont nourris avec des régimes à base d'acides gras oméga-3, la quantité de DHA dans leur cerveau diminue, et ils semblent présenter des déficits d'apprentissage et de mémoire.

Des niveaux plus faibles de DHA ont été associés à des cerveaux plus petits chez les personnes âgées, ce qui est un signe que le cerveau vieillit plus rapidement.

Il est évidemment important de consommer suffisamment d'acides gras oméga-3 si l'on veut éviter certains de ces effets néfastes sur le fonctionnement et le développement du cerveau.

RÉSUMÉ : Pour une fonction et une croissance normales du cerveau, les oméga-3 sont essentiels. De faibles niveaux d'oméga-3 peuvent accélérer le vieillissement du cerveau et provoquer des déficits cognitifs.

L'huile de poisson peut aider à lutter contre les pertes de mémoire légères.

Les acides gras oméga-3 présents dans l'huile de poisson sont essentiels au fonctionnement et à la croissance du cerveau. On pense également que les personnes atteintes de la maladie d'Alzheimer ou d'autres troubles cognitifs ont un meilleur fonctionnement du cerveau après avoir pris de l'huile de poisson.

Pour des millions de personnes âgées, la maladie d'Alzheimer est la forme la plus courante de démence et affecte les fonctions cérébrales et la qualité de vie. La découverte d'un supplément capable d'améliorer les fonctions cérébrales de cette population constitue une avancée significative qui changera des vies.

Une analyse de la recherche n'a pas permis de trouver des preuves solides que les suppléments d'oméga-3 comme l'huile de poisson aident le cerveau des patients atteints de la maladie d'Alzheimer à mieux fonctionner.

En revanche, plusieurs études ont montré que la prise de suppléments comme l'huile de poisson peut améliorer les fonctions cérébrales chez les personnes atteintes de formes plus légères de démence, comme la déficience cognitive légère (DCL) ou le déclin cognitif lié à l'âge.

Ces troubles ne sont pas aussi extrêmes que la maladie d'Alzheimer, mais ils peuvent entraîner des pertes de mémoire et même d'autres types de diminution des fonctions cérébrales.

Une étude a enregistré une dose quotidienne de 900 mg de DHA ou un placebo chez 485 adultes âgés présentant un déclin cognitif lié à l'âge. Les utilisateurs de DHA ont obtenu de meilleurs résultats aux tests de mémoire et d'apprentissage après 24 semaines.

De même, une autre étude a étudié les effets de la consommation de 1,8 gramme d'oméga-3 par jour pendant 24 semaines à partir de suppléments d'huile de poisson. Les études ont également montré que le fonctionnement du cerveau changeait chez les personnes atteintes de DCL, mais qu'il n'y avait aucun avantage pour les personnes atteintes de la maladie d'Alzheimer.

Selon les résultats de cette étude, les suppléments d'huile de poisson peuvent être plus efficaces s'ils sont pris au début du déclin des fonctions cérébrales. Si l'on attend trop longtemps, le cerveau risque de ne pas bénéficier de l'huile de poisson.

Résumé : Des études ont montré que chez les personnes atteintes de la maladie d'Alzheimer, l'huile de poisson n'améliore pas les fonctions cérébrales. Les preuves suggèrent toutefois que les personnes souffrant de DCL ou d'un léger déclin cérébral peuvent tirer le plus grand bénéfice de la prise d'huile de poisson.

L'huile de poisson peut améliorer la dépression.

Les thérapies non médicamenteuses visant à soulager les symptômes ont pour but de trouver des solutions à la dépression et à d'autres problèmes de santé mentale. L'huile de poisson peut soulager la dépression.

Les gens croient depuis longtemps que l'huile de poisson est associée à des changements dans la santé mentale, mais la recherche soutient-elle réellement cette affirmation ?

Des analyses récentes d'essais cliniques ont montré que la prise de suppléments d'huile de poisson peut aider les personnes souffrant de dépression à se sentir mieux, d'une manière similaire à l'action des antidépresseurs.

Néanmoins, chez les personnes qui prenaient déjà des antidépresseurs, la plus forte augmentation des symptômes dépressifs a eu tendance à se produire. De plus, lorsque le supplément d'huile de poisson produisait des niveaux d'EPA plus élevés, les personnes semblaient constater davantage d'effets.

Les raisons pour lesquelles l'EPA et les oméga-3 renforcent les symptômes de la dépression sont encore incertaines.

Les chercheurs ont proposé que ses effets sur la sérotonine et les récepteurs de la sérotonine dans le cerveau pourraient être liés. D'autres ont suggéré que les oméga-3 de l'huile de poisson peuvent atténuer les symptômes dépressifs grâce à leurs effets anti-inflammatoires.

D'autres preuves indiquent que l'huile de poisson peut améliorer d'autres conditions de santé mentale, comme le trouble de la personnalité limite et le trouble bipolaire.

Néanmoins, des travaux supplémentaires sont nécessaires avant que la communauté scientifique puisse formuler des recommandations concrètes.

RÉSUMÉ : Des huiles de poisson supplémentaires, en particulier celles dont le taux d'EPA est plus élevé, peuvent améliorer la dépression chez les personnes qui en souffrent. L'impact semble être le plus important chez les personnes qui prennent déjà des antidépresseurs.

L'huile de poisson n'améliore pas les capacités cérébrales des personnes en bonne santé

Cet article traite de l'impact de l'huile de poisson sur la maladie d'Alzheimer et les modifications légères de la fonction cérébrale, mais beaucoup s'interrogent sur ses effets chez les personnes ayant une activité cérébrale normale. L'huile de poisson n'améliore pas les fonctions cérébrales chez les personnes en bonne santé.

Des études d'observation indiquent un lien étroit entre le fait de consommer davantage d'acides gras oméga-3 provenant du poisson et l'amélioration des fonctions cérébrales. Des recherches similaires ont toutefois évalué l'utilisation de poisson plutôt que de suppléments d'huile de poisson. En outre, les études de corrélation telles que celles-ci ne peuvent pas montrer la cause et l'effet.

La plupart des études les mieux contrôlées concluent que les oméga-3 contenus dans les suppléments d'huile de poisson n'ont pas tendance à améliorer les fonctions cérébrales des personnes en bonne santé qui ne présentent pas de troubles de la mémoire.

La prise de suppléments contenant 1 g d'huile de poisson par jour n'a pas amélioré les fonctions cérébrales dans une étude portant sur 159 jeunes adultes, par rapport à un placebo. De même, plusieurs études menées sur des adultes plus âgés ont montré que la prise de suppléments d'huile de poisson n'améliore pas les tests de fonction cérébrale, même chez les personnes n'ayant aucun problème de mémoire.

Résumé : Des recherches cliniques ont montré qu'après avoir consommé des suppléments d'huile de poisson, des personnes en bonne santé ayant des fonctions cérébrales normales n'ont pas constaté de changements dans leurs fonctions cérébrales.

Peut-on prendre de l'huile de poisson pour le cerveau ?

Vous voudrez envisager de prendre de l'huile de poisson sur la base des meilleures preuves disponibles si vous avez connu une légère diminution des fonctions cérébrales ou si vous avez été diagnostiqué comme souffrant de dépression. Il peut y avoir d'autres avantages pour la santé à prendre des suppléments d'huile de poisson, mais ces deux types de personnes pourraient bénéficier des plus grands avantages en termes de santé cérébrale et mentale. Il n'existe pas de directives officielles quant à la quantité d'oméga-3 que vous devez prendre dans l'huile de poisson afin d'en retirer des avantages pour le développement du cerveau et la santé mentale. Les quantités varient d'une étude à l'autre.

La Food and Drug Administration américaine a fixé une dose journalière maximale de 3 000 mg pour les suppléments d'acides gras oméga-3. L'Autorité européenne de sécurité des aliments a recommandé de ne pas dépasser 5 000 mg par jour.

L'apport quotidien de 1 000 à 2 000 mg d'acides gras oméga-3 provenant de l'huile de poisson peut constituer un point de départ sain, bien qu'inférieur à la limite supérieure recommandée. Les personnes dépressives devraient choisir des suppléments d'huile de poisson avec des niveaux d'EPA plus élevés.

Lorsque vous testez des compléments d'huile de poisson, il est très important de lire attentivement les étiquettes. Une capsule d'huile de poisson de 1000 mg peut contenir moins de 500 mg d'acides gras oméga-3 réels, mais cela peut varier d'une marque à l'autre.

Les suppléments d'huile de poisson sont généralement considérés comme sûrs à des doses inférieures à celles indiquées ci-dessus. Néanmoins, comme toujours, avant de commencer à prendre des suppléments d'huile de poisson, vous devez en parler à votre médecin. En raison de ses effets possibles sur la coagulation du sang, ceci est particulièrement important si vous en prenez actuellement ou si vous devez subir une opération.

RÉSUMÉ : Les personnes souffrant de dépression ou de troubles cognitifs légers devraient continuer à prendre 1000 à 2000 mg d'acides gras oméga-3 par jour. Comme les suppléments contenant de l'huile de poisson peuvent affecter la coagulation sanguine, parlez-en à votre médecin avant de commencer à en prendre.

L'essentiel de l'EPA et du DHA est que les acides gras oméga-3 contenus dans l'huile de poisson sont essentiels au fonctionnement et à la croissance normaux du cerveau. Les personnes souffrant de dépression ou d'une légère baisse de l'activité cérébrale peuvent prendre les acides gras oméga-3 de l'huile de poisson, car leurs symptômes et leur fonction cérébrale peuvent s'améliorer. Malheureusement, des travaux ont montré que l'huile de poisson n'a aucun effet sur les personnes ayant une fonction cérébrale normale ou atteintes de la maladie d'Alzheimer.

L'apport quotidien de 1 000 à 2 000 mg d'acides gras oméga-3 provenant de l'huile de poisson peut constituer un point de départ sain. Votre dose moyenne ne sera pas supérieure à 3 000 mg. Si l'huile de poisson est généralement célébrée pour ses bienfaits sur la santé cardiaque, elle a également des effets étonnants qui méritent l'attention en termes de santé cérébrale et mentale.

Pourquoi les régimes cétogènes et à faible teneur en carbone améliorent la santé du cerveau

Les régimes hypocaloriques et cétogènes présentent de nombreux avantages pour la santé. Il est reconnu, par exemple, qu'ils peuvent induire une perte de poids et aider à lutter contre le diabète. Cependant, ils sont également utiles pour certaines affections cérébrales. Cet ouvrage traite de l'impact des régimes à faible teneur en carbone et cétogènes sur le cerveau.

Que sont exactement les régimes cétogène et pauvre en glucides ?

Bien que le régime pauvre en carbone et le régime cétogène soient similaires, il existe également un certain nombre de variations importantes.

Régime céto :

- Les glucides sont limités à 50 grammes ou moins par jour.
- Les protéines sont souvent réduites.
- L'objectif principal est d'augmenter les taux sanguins de cétones, des molécules qui peuvent remplacer le glucose comme source d'énergie pour le cerveau.

Régime pauvre en glucides :

- Les glucides peuvent varier entre 25 et 150 g par jour.
- Les protéines ne sont généralement pas réduites.
- Les cétones peuvent ou non augmenter les taux sanguins.

Dans un régime cétogène, le cerveau est principalement alimenté par les cétones. Celles-ci sont fabriquées dans le foie lorsque l'apport en carbone est très faible.

Même avec un régime standard pauvre en glucides, le cerveau utilise beaucoup de glucose, mais il peut utiliser davantage de corps cétoniques qu'avec un régime ordinaire.

Ligne de fond

Les régimes à faible teneur en carbone et les régimes cétogènes sont, à bien des égards, identiques. Le régime cétogène, cependant, comprend encore moins de glucides et entraîne une augmentation significative du taux de cétones dans le sang.

Le mythe de la faible teneur en glucides

Vous avez peut-être appris que votre cerveau a besoin de 130 grammes de glucides par jour pour fonctionner correctement. L'idée fausse des "130 grammes de glucides" Il s'agit de l'un des mythes les plus répandus sur les régimes pauvres en glucides. En effet, selon un rapport de l'Institut américain de l'alimentation et de la nutrition, "la limite inférieure de la vie - les glucides alimentaires - semble être zéro tant que des quantités adéquates de protéines et de graisses sont consommées." Bien qu'un régime zéro calorie ne soit pas recommandé, car de nombreux aliments sains sont éliminés, il existe certainement un bon régime de soutien-gorge, et vous pouvez manger beaucoup moins que 130 grammes par jour.

Ligne de fond

Une idée fausse très répandue veut que l'on doive consommer 130 grammes de glucides par jour pour assurer la nutrition du cerveau.

Comment les régimes à faible teneur en carbone et les régimes céto fournissent de l'énergie au cerveau

Les régimes pauvres en glucides ont une façon fascinante de fournir de l'énergie à votre cerveau grâce aux processus de cétogenèse et de gluconéogenèse.

Ketogenesis

Le glucose, le sucre du sang, est normalement le principal carburant du cerveau. Contrairement au muscle, la graisse ne peut pas être utilisée par le cerveau comme source d'énergie. En revanche, le cerveau peut utiliser les cétones. Lorsque la quantité de glucose et d'insuline dans votre corps est faible, votre foie produit des cétones d'acides gras. Les cétones sont créées en petites quantités lorsque vous vous privez de nourriture, par exemple après une nuit complète de sommeil, pendant plusieurs heures.

Cependant, pendant le jeûne ou lorsque l'apport en glucides tombe en dessous de 50 grammes par jour, le foie augmente encore sa production de cétones. Les cétones peuvent fournir jusqu'à 70 % des besoins énergétiques du cerveau lorsque les glucides sont supprimés ou réduits.

Gluconéogenèse

Bien que la majeure partie du cerveau puisse utiliser les cétones, certaines parties impliquent également l'action du glucose. Une partie de ce glucose peut être fournie par la quantité limitée de glucides consommés dans le cadre d'un régime très pauvre en glucides. Le reste est issu d'un processus appelé gluconéogenèse dans votre organisme, ce qui signifie "fabriquer du nouveau glucose". C'est ainsi que le foie produit du glucose à l'usage du cerveau. Il utilise des acides aminés, les éléments constitutifs des protéines, pour produire du glucose.

Le glycérol peut également contenir du glucose dans le foie. Il s'agit de l'épine dorsale qui relie les acides gras aux triglycérides, source de graisse dans l'organisme. Grâce à la néoglucogenèse, même lorsque votre consommation de glucides est très faible, les parties de votre cerveau qui ont besoin de glucose en obtiennent un approvisionnement constant.

Ligne de fond

Jusqu'à 70 % du cerveau peut être alimenté par des cétones dans le cadre d'un régime très pauvre en glucides. Le reste peut être alimenté par le glucose du foie.

Régimes cétogènes, régimes pauvres en glucides et épilepsie

L'épilepsie est un état caractérisé par des crises associées à une surexcitation des cellules du cerveau. Cela peut entraîner des mouvements spontanés et une perte de conscience, qui se produisent le plus souvent chez les nourrissons. Le diagnostic de l'épilepsie peut être très compliqué. Des crises de différents types se produisent, et plusieurs enfants connaissent plusieurs épisodes par jour. Bien qu'il existe plusieurs médicaments anti-convulsions efficaces, ces derniers ne peuvent pas arrêter les crises chez au moins 30 % des patients. On parle alors d'une forme d'épilepsie réfractaire ou non réactive.

Le Dr Russell Wilder a développé le régime cétogène en 1921 pour le traitement de l'épilepsie résistante aux médicaments chez les enfants. Son régime contient près de 90 % de calories grasses, et il a démontré que les effets bénéfiques de la faim sur les crises peuvent être imités. Les mécanismes précis à l'origine des effets anticonvulsivants du régime cétogène restent flous.

Les aliments des régimes cétogène et pauvre en glucides sont de bons choix pour traiter l'épilepsie.

Dans l'épilepsie, quatre types d'hydrates de carbone sont utilisés :

1. *Régime cétogène classique (KD) :* 2 à 4 % des calories proviennent des glucides, 6 à 10 % des protéines et 85 à 90 % des graisses.
2. *Régime Atkins modifié (MAD) :* 4 à 6 % des calories proviennent des glucides, sans limite de protéines dans la plupart des situations. Le régime commence par autoriser 10 grammes de glucides par jour pour les enfants et 15 grammes pour les adultes, avec une légère augmentation probable si le patient le tolère.
3. *Régime cétogène aux triglycérides à chaîne moyenne :* d'abord, 20 % de glucides, 10 % de protéines, 50 % de triglycérides à chaîne moyenne et 20 % d'autres graisses.
4. *Traitement à faible indice glycémique (LGIT) : ce traitement*

restreint les options de glucides pour les personnes dont l'indice glycémique est inférieur à 50. Les protéines représentent environ 20 à 30 % des calories, les glucides 10 à 20 % et les graisses le reste.

L'épilepsie et la diète cétogène classique (CKD)

Ce régime a été utilisé dans de nombreux centres pour l'épilepsie, et plusieurs essais ont montré une augmentation chez environ la moitié des patients. En fait, 90 % ou plus des enfants qui répondent à ce régime voient leurs crises diminuer. Dans une étude, des enfants traités pendant trois mois avec un régime cétogène ont présenté une réduction globale de 75 % des crises de base.

Bien que le régime cétogène classique puisse être très efficace contre les crises, un neurologue et un diététicien doivent le superviser de près. Les choix alimentaires sont souvent très limités, et les régimes, surtout pour les enfants plus âgés et les adultes, peuvent être difficiles à suivre.

L'épilepsie et le régime Atkins modifié (MAD)

Dans de nombreux cas, le régime Atkins modifié (MAD) s'est avéré aussi efficace, voire presque aussi efficace, pour traiter les crises d'épilepsie chez l'enfant que le régime cétogène classique, avec moins d'effets secondaires. Une étude randomisée portant sur 102 enfants a rapporté une réduction de 90 % ou plus des crises pour 30 % de ceux qui ont suivi le régime Atkins modifié.

Bien que la plupart des essais aient été réalisés chez des enfants, certains adultes épileptiques ont également obtenu de bons résultats avec ce régime. Dans dix essais, le régime cétogène traditionnel a été opposé au régime Atkins modifié, et les personnes ont beaucoup plus souvent adhéré au régime Atkins modifié.

Épilepsie et régime cétogène à base de triglycérides à chaîne moyenne

Le régime MCT est utilisé pour traiter l'épilepsie depuis les années 1970. Les graisses saturées présentes dans le cacao et l'huile de palme sont des MCT. Par rapport aux graisses à longue chaîne, elles peuvent être utilisées pour la production rapide d'énergie ou la production de cétone dans le foie. La capacité de l'huile MCT à augmenter les niveaux de cétone avec une restriction moindre en glucides a rendu le régime MCT populaire. Une étude menée sur des enfants a montré que le régime MCT était similaire au régime cétogène traditionnel pour la prévention des crises.

L'épilepsie : Le traitement à index glycémique bas (LGIT)

Une autre stratégie diététique qui permet de gérer l'épilepsie malgré son effet très modeste sur les taux de corps cétoniques est le traitement à faible indice glycémique. Dans une étude menée, 8 des 11 patients traités avec l'IGF ont présenté une réduction des crises de plus de 50 %, et la moitié de ces patients n'ont pas eu de crise du tout.

Ligne de fond

Divers types de régimes à faible teneur en carbone et cétogènes réduisent les convulsions chez les patients épileptiques résistant aux médicaments.

Régimes cétogènes, régimes pauvres en glucides et maladie d'Alzheimer

Bien que peu d'études systématiques aient été réalisées, il semble que les régimes à faible teneur en carbone et cétogènes puissent aider les personnes atteintes de la maladie d'Alzheimer. Le type de démence le plus courant est la maladie d'Alzheimer. Il s'agit d'un trouble chronique dans lequel le cerveau produit des plaques et des pinces de perte de mémoire. De nombreux chercheurs s'accordent à dire que le diabète de "type 3" doit être envisagé, car les cellules du cerveau sont résistantes à l'insuline et ne peuvent pas utiliser correctement le glucose, ce qui provoque une inflammation. Le métabolisme, précurseur du diabète de type 2, augmente la probabilité d'apparition de la maladie d'Alzheimer.

Selon les experts, la maladie d'Alzheimer présente des similitudes avec l'épilepsie, notamment l'excitabilité du cerveau, qui contribue aux convulsions. Une analyse portant sur 152 personnes atteintes de la maladie d'Alzheimer a montré des taux de corps cétoniques significativement plus élevés et une augmentation marquée de la fonction cérébrale par rapport au groupe témoin chez les personnes ayant reçu un supplément de TCM pendant 90 jours. Des études sur les animaux indiquent également qu'un régime cétogène peut aider à alimenter le cerveau d'une personne atteinte d'Alzheimer.

Comme pour l'épilepsie, les scientifiques ne connaissent pas le mécanisme exact qui sous-tend ces avantages potentiels contre la maladie d'Alzheimer. Une hypothèse est que les cétones protègent les cellules du cerveau en réduisant les espèces réactives de l'oxygène, qui sont des sous-produits du métabolisme pouvant provoquer une inflammation.

Une autre idée est qu'un régime riche en graisses, notamment en graisses saturées, peut réduire le nombre de protéines nocives dans le cerveau des personnes atteintes de la maladie d'Alzheimer.

Ligne de fond

Les régimes cétogènes et les additifs MCT peuvent améliorer la mémoire et les fonctions cérébrales des patients atteints de la maladie d'Alzheimer, même si la recherche en est encore à ses débuts.

Autres avantages

Bien qu'ils n'aient pas fait l'objet d'études aussi approfondies, les régimes à faible teneur en glucides et cétogènes peuvent avoir des effets bénéfiques supplémentaires sur le cerveau.

- *La mémoire :* Des personnes âgées présentant un risque de maladie d'Alzheimer ont montré une amélioration de leur mémoire après six semaines de régime à très faible teneur en glucides.
- *La santé du cerveau :* Nourrir des rats âgés et obèses avec un régime cétogène peut améliorer la santé du cerveau.
- *Hyperinsulinisme congénital :* Cette maladie provoque une hypoglycémie et est susceptible d'affecter le cerveau. L'hyperinsulinisme congénital a été traité avec succès par un régime cétogène.
- *Maux de tête migraineux :* Les chercheurs affirment que les régimes à faible teneur en glucides ou cétogènes peuvent être bénéfiques pour les patients souffrant de migraines.
- *Maladie de Parkinson :* Cinq des sept personnes atteintes de la maladie de Parkinson qui ont suivi un régime cétogène de quatre semaines dans un échantillon limité et non réglementé ont observé une augmentation de 43 % des symptômes déclarés.
- *Traumatisme crânien :* Les patients souffrant de graves traumatismes crâniens soumis à un régime sans glucides pourraient s'alimenter tout en évitant l'hyperglycémie, qui pourrait entraver leur rétablissement. Une lésion cérébrale traumatique en est un exemple.

Ligne de fond

Les régimes à faible teneur en carbone et cétogènes sont également bons pour la santé du cerveau. Chez les personnes âgées, ils peuvent stimuler la mémoire, aider à réduire les migraines et, pour ne citer qu'eux, minimiser les symptômes de la maladie de Parkinson.

Problèmes potentiels des régimes à faible teneur en glucides et cétogènes

Certaines pathologies ne sont pas recommandées pour un régime pauvre en carbone ou cétogène.

Si vous souffrez d'un problème de santé quelconque, vous devriez en parler à votre médecin avant de commencer un régime cétogène.

Les effets secondaires des régimes à faible teneur en carbone ou cétogènes

Les gens réagissent de différentes manières aux régimes faibles en carbone et cétogènes.

- *Cholestérol élevé :* Les adultes peuvent avoir des taux élevés de cholestérol, et les enfants peuvent avoir des augmentations des taux de cholestérol et de triglycérides. Cette augmentation peut toutefois être temporaire et ne semble pas affecter la santé cardiaque.
- Les *calculs rénaux* sont rares, mais chez certains enfants, le traitement diététique cétogène de l'épilepsie a provoqué des calculs. Le citrate de potassium est couramment utilisé pour traiter les calculs rénaux.
- *L'engorgement :* Ce phénomène est très courant dans les régimes cétogènes. Un centre de traitement a signalé une constipation chez 65 % des enfants. Il est également facile à traiter en ramollissant les selles ou en modifiant l'alimentation.

Les enfants épileptiques finissent par éviter le régime cétogène dès que leurs crises sont guéries. La plupart d'entre eux n'ont pas de conséquences négatives à long terme.

Ligne de fond

Pour la plupart des gens, mais pas pour tous, un régime cétogène à très faible teneur en glucides est sain. De nombreuses personnes peuvent ressentir des effets secondaires temporaires.

Conseils pour l'adaptation du régime alimentaire

Lorsque vous passez à un régime pauvre en carbone ou cétogène, certains effets indésirables peuvent être observés.

Vous pouvez vous sentir fatigué pendant quelques jours. Voici quelques conseils pour la période d'adaptation :

- *Veillez à vous hydrater abondamment.* Buvez au moins 2 litres d'eau par jour pour compenser la perte d'eau qui se produit fréquemment dans les premiers stades de la cétose.
- *Ajoutez 1 à 2 g de sel par jour pour compenser la quantité perdue dans les urines lors de la consommation de glucides.* Boire du bouillon vous aide à satisfaire le besoin accru de sodium et de calcium.
- *Suppléments de potassium et de magnésium :* Consommez des aliments riches en potassium et en magnésium pour réduire les crampes musculaires. Les avocats, les yaourts grecs, les tomates et le poisson en sont de bonnes sources.
- *Limitez votre activité physique :* Ne travaillez pas excessivement pendant une semaine. Il faudra quelques semaines pour s'adapter complètement l'un à l'autre, alors ne vous forcez pas avant d'être prêt.

Conclusion :

Il faut un certain temps pour s'adapter à un régime très faible en carbone ou cétogène, mais il existe quelques moyens de faciliter la transition.

Les régimes alimentaires présentent des avantages considérables pour la santé

D'après les données disponibles, les régimes cétogènes peuvent avoir de puissants avantages pour le cerveau. Les meilleures preuves s'appliquent au diagnostic des enfants souffrant d'épilepsie résistante aux médicaments. On dispose également de données préliminaires indiquant que les régimes cétogènes peuvent réduire les symptômes de la maladie d'Alzheimer et de la maladie de Parkinson. Des travaux sont en cours sur l'influence de ces maladies et d'autres affections cérébrales sur les patients.

En plus d'améliorer la sécurité du cerveau, plusieurs études indiquent que les régimes à faible teneur en glucides et cétogènes peuvent entraîner une perte de poids et aider à contrôler le diabète. Ces régimes ne sont pas idéaux pour tous, mais ils peuvent offrir des avantages incroyables pour beaucoup.

Exercices Cérébraux Pour La Mémoire

Des exercices de mémoire qui ont fait leurs preuves pour garder votre cerveau en bonne santé

Il est prouvé que la construction d'une carte visuelle est un stimulant important pour le cerveau. Par exemple, les chauffeurs de taxi à Londres doivent mémoriser 25 000 routes et 20 000 points de repère pour obtenir leur permis. Des neurologues de l'université de Londres ont découvert que ces choux ont un hippocampe considérablement plus grand, c'est-à-dire les régions du cerveau qui stockent et organisent les souvenirs.

Exercice de mémoire : Dessinez une carte de mémoire - à partir de votre quartier, de votre chemin ou d'un autre lieu commun. Ensuite, chaque fois que vous visitez un nouveau lieu ou que vous prenez un chemin différent pour rentrer chez vous, répétez cet exercice.

Oubliez les incroyables jeux vidéo ; le papier et le stylo sont un moyen éprouvé de stimuler votre mémoire, affirment les experts.

Exercice de mémoire : Essayez de dresser et d'enregistrer une liste de produits alimentaires, d'activités complètes, etc. Plus la liste est longue (et compliquée), plus l'exercice de mémoire sera difficile.

Pratiquez des problèmes mathématiques simples.

Vous pensiez pouvoir étudier les mathématiques après le lycée ? Détrompez-vous. Détrompez-vous. Les experts affirment qu'un problème externe ou soustractif prévient chaque jour la détérioration cognitive.

Exercice de mémoire : Résolvez chaque matin des problèmes mathématiques de base dans votre tête - sans crayon, papier ou calculatrice. Cherchez à marcher ou à cuisiner en même temps pour faire monter les enchères.

Examiner vos papilles gustatives

La cuisine fait gagner votre cerveau. La préparation et la consommation d'un repas stimulent les régions cérébrales de l'odorat, du toucher, de la vue et du goût. En outre, vous pouvez même stimuler votre vigilance grâce à vos sens. Dans le cadre d'un test, les personnes qui ont vu une série d'images étaient plus susceptibles que les autres d'identifier celles qui avaient une odeur.

Exercice de mémoire : Poussez la saveur de chaque ingrédient du plat jusqu'aux plus infimes herbes et épices pendant que vous mâchez.

Storytelling

Il s'agit d'un fantastique stimulant mental qui vous permet de vous concentrer sur des informations importantes, d'associer des sentiments à vos souvenirs et de vous rappeler plus tard des événements importants de votre vie. Il a également été utilisé pour traiter la maladie d'Alzheimer.

Exercice de mémoire : repassez les événements de la journée dans votre esprit avant de vous coucher le soir. Essayez de vous rappeler les détails depuis le moment où vous vous êtes réveillé jusqu'à celui où vous vous êtes couché.

Prise de cours

Pour garder votre caboche en pleine forme, il est important de continuer à apprendre, quel que soit votre âge. Les experts estiment que vous pouvez éviter l'âge mental et améliorer votre mémoire tout au long de votre vie.

Exercice de mémoire : Qu'il s'agisse de cuisine ou de mesure, inscrivez-vous à un cours qui vous apprend de nouvelles choses. Faites-nous confiance, et merci pour votre cerveau.

Pratiquez un nouveau sport.

Vous pouvez même faire travailler votre cerveau si vous avez un cœur qui bat la chamade. Les pratiques sportives, telles que le yoga, le golf ou le tennis, ont été associées à une amélioration des fonctions et de la force du cerveau.

Exercice de mémoire : inscrivez-vous pour pratiquer un sport que vous n'avez jamais pratiqué et passez en revue les règles et procédures.

Votre motricité fine va se détériorer.

Comme pour la pratique d'un sport ou la participation à un nouveau cours, votre cerveau peut rester impliqué et équilibré en maîtrisant des tâches qui impliquent une importante coordination main-œil.

Exercice de mémoire : Essayez un nouveau passe-temps pratique, comme le tricot, la peinture ou le montage de puzzles. Mieux encore, mâchez de la gomme pendant que vous le faites ; une étude a démontré que mâcher de la gomme peut améliorer la mémoire et la concentration lors de l'exécution d'une tâche.

Brouiller les numéros de téléphone

Une simple séance rapide d'entraînement cérébral peut avoir un effet considérable sur votre mémoire. Mémorisez des numéros de téléphone. Les chercheurs pensent que vous pouvez sécuriser et renforcer vos cellules cérébrales en mettant le cerveau au défi avec des puzzles de mémoire.

Exercice de mémoire : Impressionnez vos amis avec leurs numéros de téléphone. Ashraf Al, MD, suggère de diviser en trois parties chaque numéro à 10 chiffres ; par exemple, 801 555 8372 est plus facile à retenir que 801558372.

Créer une phrase mnémotechnique

La création d'un outil mnémotechnique est un moyen stupide de conserver une loi, une réalité ou une liste importante dans votre banque de mémoire. Certains sont des acronymes, comme RICE, un traitement de premier secours pour les blessures (Rest, Ice, Compression, and Lifting). D'autres, comme "spring forward, fall back", se présentent sous la forme de phrases qui vous rappellent de remettre l'horloge à zéro deux fois par an.

Exercice de mémorisation : La prochaine fois que vous mémoriserez quelque chose, trouvez un acronyme ou une phrase sophistiquée. Vous avez besoin d'inspiration ?

Apprendre et comprendre une langue étrangère

Les études sur les langues étrangères indiquent que l'apprentissage d'une langue fraîche et complexe pendant une longue période protège un cerveau vieillissant. Les activités d'écoute et d'audition sont non seulement d'excellents stimulants mentaux, mais l'apprentissage d'une langue moderne peut également réduire le risque de déclin cognitif.

Exercice de mémoire : Inscrivez-vous à l'université la plus proche ou à un cours de langue étrangère en ligne. Si vous manquez de temps, vous pouvez apprendre Rosetta Stone ou Duolingo à votre propre rythme.

Augmentez votre vitesse de traitement.

Êtes-vous rapide ou lent sur vos pieds ? Si votre réponse est la dernière, votre cerveau peut être en difficulté. Selon l'étude publiée dans la revue Frontiers in Aging Neuroscience, apprendre à s'adapter et à traiter les informations rapidement permettra d'éradiquer la démence.

Exercice de mémoire : Essayez le PQRST pour traiter rapidement des informations écrites longues en cinq étapes. L'acronyme signifie : lire le document ou le rater, se renseigner sur les points clés du texte, le relire, chercher les réponses et se vérifier.

Répétez à voix haute

Selon l'étude, dire une information à haute voix augmente vos chances de vous en souvenir plus tard. Les thèmes lisant à haute voix des informations écrites ont montré une augmentation de 5 à 15 % de la rétention dans une étude publiée dans la revue Memory.

Exercice de mémoire : Répétez quelque chose à voix haute pour vous souvenir de ce que vous venez de faire, d'apprendre ou de lire ; cela vous permettra d'agripper votre esprit.

Protégez votre santé mentale.

Ne gaspillez pas les précieuses ressources de votre cerveau en essayant de vous rappeler où vous avez mis vos clés ou l'heure de votre prochain rendez-vous chez le médecin. Vous pouvez plutôt concentrer votre énergie sur les nouvelles informations en éliminant les distractions inutiles.

Exercice de mémoire : Tenez un calendrier ou un agenda et marquez les espaces pour les choses que vous oubliez fréquemment.

utiliser des rappels visuels

Enfin, le fait d'enrouler occasionnellement une ficelle autour de votre doigt n'endommage pas votre cerveau.

Exercice de mémoire : Placez des post-its qui serviront de rappels toute la journée sur le clavier de votre ordinateur, votre bureau ou votre réfrigérateur. Vous pouvez porter un bracelet ou mettre une alarme sur votre téléphone.

Étudiez la facture de téléphone.

Jetez un coup d'œil à votre compte de téléphone et essayez de vous rappeler à qui chaque appel a été passé. Si vous n'utilisez que votre téléphone portable, consultez le journal de vos appels récents et essayez de vous rappeler de quoi vous discutiez avec votre interlocuteur.

Jouer avec votre ordinateur

Faites pivoter la souris de l'ordinateur avec le joystick de manière à ce que la poussée de la boule permette au curseur d'aller et venir. Vous pouvez également utiliser la main non dominante en branchant la souris sur le côté opposé de l'ordinateur.

Reminisce

Essayez de vous rappeler les noms des professeurs ou des amis de votre classe. Essayez de vous souvenir de ce qu'ils portaient ou du genre de personne qu'ils étaient. Le lendemain, discutez d'un ancien lieu de travail. Vous serez surpris de voir tout ce dont vous vous souvenez.

Lire la suite

Retournez votre livre ou votre journal à l'envers. Lisez à l'envers. Lisez la page de haut en bas. Notez combien d'efforts supplémentaires sont nécessaires pour saisir la structure de la phrase.

Vérifiez votre vocabulaire.

Notez le plus grand nombre de mots que vous pouvez commencer en 2 minutes avec une certaine lettre de l'alphabet. Cherchez des lettres comme M, T et C, ou questionnez O ou Y.

Chronométrez-vous

Concentrez-vous pendant une minute sur la trotteuse d'une montre ou d'une horloge. Fermez les yeux et essayez de chronométrer exactement une minute. Vous serez peut-être choqué de voir à quel point vous êtes à côté de la plaque.

Créez un nouvel itinéraire.

Chaque jour, vous conduisez, roulez ou faites du vélo de la même manière que votre cerveau peut fonctionner en pilote automatique. Trouvez un nouvel itinéraire pour stimuler votre esprit. Vous imaginerez les chemins qui activent le cortex et l'hippocampe.

Prenez une photo.

Regardez une photo en ligne et essayez de vous souvenir de tout ce qu'elle contient. Couvrez la photo et énumérez les éléments. Maintenant, regardez à nouveau la photo et voyez combien d'entre elles sont exactes.

Mangez avec des baguettes.

De la même manière que la souris de votre ordinateur est activée, cela vous amène à ralentir et à voir ce qui se passe. En prime, cela vous permettra d'apprécier encore plus votre repas.

Brossez-vous toujours les dents avec votre main non dominante.

Les recherches ont montré qu'en utilisant le côté opposé du cerveau (comme dans l'exercice), l'expansion des zones du cortex peut être rapide et importante, régulant et traitant l'entrée tactile de la main.

N'oubliez pas de vous nettoyer les mains différemment de d'habitude, et n'oubliez pas de retirer le tube et de renverser le dentifrice.

Douche avec les yeux fermés.

Vos mains peuvent détecter différentes textures dans votre propre corps que vous ne "voyez" pas et renvoyer des signaux à votre cerveau.

Entraînement cérébral : Essayez simplement d'utiliser les sens tactiles (mais faites preuve de bon sens pour éviter les brûlures ou les blessures). Il suffit de trouver les robinets et de changer la température. Ensuite, prenez une douche, rasez-vous, fermez les yeux, et ainsi de suite.

Changez vos activités quotidiennes.

Les études d'imagerie cérébrale montrent que les nouvelles activités font travailler de vastes zones du cortex, ce qui suggère une augmentation des niveaux d'activité cérébrale dans de nombreuses régions différentes. Lorsque la tâche est routinière et automatique, cette activité diminue.

Entraînement cérébral : Habillez-vous après le petit-déjeuner, prenez un nouveau chemin pour promener votre chien, ou changez de télévision ou de chaîne d'information. Le simple fait de regarder une émission pour enfants comme "Sesame Street", par exemple, fera ressentir au cerveau combien votre pensée est étudiée en détail par les enfants.

Mettez les choses familières (littéralement) à l'envers.

Lorsque vous les regardez à l'endroit, votre cerveau gauche "visuel" les repère facilement et détourne votre attention. Une fois qu'ils sont à l'envers, les réseaux du cerveau droit continuent de percevoir les formes, les couleurs et les liens de l'image déroutante. Mettez vos souvenirs de famille, votre horloge de bureau ou un calendrier illustré à l'envers comme exercice mental.

Changer de place à table

Dans la plupart des communautés, tout le monde a sa "propre" place, mais le cerveau bénéficie de nouvelles expériences.

L'entraînement dans le cerveau : Changez de siège pour adapter le lieu, la personne avec laquelle vous travaillez, votre vue de la pièce, et même votre façon d'aborder le sel et le poivre.

Établissez une nouvelle connexion avec votre nez.

Vous ne savez toujours pas quand vous avez "appris" à associer l'odeur du café au début de la journée. Pourtant, vous pouvez signaler l'existence de nouvelles voies neuronales en associant une nouvelle odeur - par exemple, la cannelle, les agrumes ou la menthe poivrée - à une opération.

Exercice cérébral : tenez une bouteille de votre parfum préféré près de votre lit. Ouvrez-le et inhalez-le d'abord au réveil, puis prenez votre bain et habillez-vous à nouveau.

Ouvrez la fenêtre de votre voiture.

L'hippocampe, une région du cerveau qui traite la mémoire, a besoin de la combinaison d'odeurs, de sons et de vues pour créer des cartes mentales. L'éducation dans le cerveau : Essayez de distinguer les différentes odeurs et les différents sons en cours de route. Ouvrir les fenêtres fournit davantage de matière première à ces circuits.

Jouez avec votre argent de poche.

Étant donné que notre cerveau se fie constamment aux signaux visuels pour différencier les sujets, le fait de toucher pour reconnaître des objets subtilement différents augmente l'activation des zones corticales qui traitent les données tactiles et contribue à renforcer les synapses. Exercice cérébral : Placez une tasse pleine de pièces de monnaie dans le porte-bouteille de votre voiture. (Lorsque les personnes ayant perdu la vue apprennent à lire le braille, leur cerveau consacre davantage de voies au traitement du toucher fin). À un feu rouge, essayez de décider des noms tout seul. Vous pouvez également placer des pièces de monnaie sur une marche dans votre poche et les marquer lorsque vous vous tenez dans un angle.

Jouez à "10 choses".

Cela aidera le cerveau à penser à des alternatives au quotidien.

Exercice cérébral : Quelqu'un vous tend un objet ordinaire, et vous devez faire la démonstration de 10 objets différents. Par exemple, une raquette de tennis, un club de golf, un ventilateur, une matraque, une baguette de tambour, une guitare, une pelle, un microphone, une batte de baseball ou une pagaie de canoë peuvent être une tapette à mouches.

Scanner à Supermart

dans les épiceries est conçu pour que les produits les plus précieux se trouvent au niveau de l'œil, et lorsque vous y faites vos courses, vous ne le voyez tout simplement pas.

Entraînement cérébral : Placez-vous au bout de chaque allée et regardez les régiments de haut en bas. Si vous n'avez jamais vu quelque chose auparavant, prenez-le, lisez les ingrédients et réfléchissez-y. Vous n'avez pas besoin de l'acheter pour en bénéficier ; votre routine s'est brisée et quelque chose de nouveau s'est produit.

Réaliser un projet artistique dans une communauté artistique

Cela stimule les éléments mentaux et non verbaux du cortex cérébral. Lorsque vous faites de l'art, vous sollicitez des parties de votre cerveau qui s'intéressent aux formes, aux couleurs et aux textures, ainsi qu'à des processus très différents de la pensée séquentielle qu'exige la majeure partie de votre journée.

Exercice de réflexion : Demandez à chaque personne de dessiner quelque chose en rapport avec un sujet précis, comme une saison, une émotion ou un événement d'actualité.

Établissez davantage de liens sociaux.

Les scientifiques ont constaté à maintes reprises que la pauvreté socio-économique nuit gravement aux capacités cognitives générales.

L'exercice dans le cerveau : Vous avez soif ? Achetez la boisson d'une personne plutôt que celle d'un vendeur. Vous avez besoin d'essence ? Payez l'employé au comptoir plutôt que d'utiliser votre carte de crédit.

Lire autrement

Si nous lisons à haute voix ou entendons une lecture, nous utilisons des voies cérébrales très différentes de celles que nous utilisons si nous lisons tranquillement pour nous-mêmes. Lisez différemment.

Entraînement cérébral : Lisez à haute voix avec votre partenaire ou votre ami, en alternant les positions de lecture et d'écoute. Cela peut prendre un certain temps pour venir à bout d'un roman, mais vous pouvez aussi passer du temps de qualité ensemble en plus d'entraîner votre cerveau.

Mangez des aliments étrangers.

En stimulant des combinaisons spéciales de récepteurs dans le nez, le système olfactif peut distinguer des millions de parfums. Le noyau émotionnel de votre cerveau étant directement lié, de nouvelles odeurs produiront des sentiments et des associations inattendus. Entraînement cérébral : Choisissez une cuisine que vous ne connaissez pas et vérifiez la sélection de nouveaux légumes, d'assaisonnements et de bons emballages.

Mythes Du Cerveau : Distinguer La Réalité De La Fiction

À mesure que nous mûrissons, nous développons notre conscience, apprenons des compétences, modifions nos comportements et affinons même nos opinions. Cependant, il se peut que nous acquérions involontairement des informations incorrectes en cours de route.

Pour le cerveau, les anciennes méthodes et équipements de test ont été remplacés par de nouvelles méthodes et technologies d'échantillonnage non invasives et innovantes. Les résultats de la recherche dans des domaines tels que les neurosciences, la pharmacologie, l'intelligence artificielle et la psychologie fournissent désormais une multitude de nouvelles informations à la communauté scientifique, au monde de l'enseignement et au grand public, tout en dissipant les idées fausses qui circulent depuis longtemps sur le cerveau. Voici quelques-uns des mythes les plus courants sur le cerveau.

Nous n'utilisons que 10 % de notre cerveau

Depuis près d'un siècle, la théorie des 10 % du cerveau a été mise en avant. Des versions de ce mythe ont été reproduites, modifiées, étendues et propagées jusqu'à ce qu'il soit impossible d'en identifier l'origine. Ceux qui ont propagé cette théorie ne l'ont pas fait dans le but conscient d'induire en erreur ; ils ont plutôt supposé (ou peut-être espéré) que nous, les humains, avions beaucoup plus de potentiel ou de capacité à exploiter.

Voici un scénario qui illustre le fait que nous utilisons bien plus que 10 % de notre cerveau : vous décidez de vous arrêter à la librairie de votre quartier, où l'on sert votre café préféré. Vous essayez de jeter un coup d'œil (vous ne pouvez pas résister !) aux livres sur les jeux cérébraux récemment sortis et commandez un café au lait. Vous dites que c'est une mission facile, mais regardons de plus près. Le mouvement et la coordination sont importants lorsque vous atteignez le magasin. Le mouvement est effectué par votre cortex moteur à l'arrière de vos lobes frontaux, qui vous aide à bouger consciemment vos muscles et à vous concentrer. La capacité de votre cerveau qui régule la coordination et la position est la deuxième plus grande. Vous vous dirigez vers l'arrière du magasin, et vous tournez les yeux en espérant ne pas voir une longue file d'attente. Les informations visuelles sont reconnues et comprises dans vos lobes occipitaux, situés à l'arrière de votre cerveau. Le riche parfum de votre café alerte vos sens olfactifs lorsqu'il arrive dans votre nez. Les odeurs passent de votre cavité nasale à vos bulbes olfactifs en passant par le système limbique de votre cerveau. Vous êtes remarqué par le serveur, qui vous demande si vous voulez votre café habituel. Vos temporaux traitent les vibrations de sa voix. La région de Wernicke se trouve également dans vos lobes temporaux, qui sont responsables de l'interprétation du langage. Grâce à la région de Broca située dans votre cortex moteur, qui fait partie de la production de la parole, vous pouvez répondre par un "oui, merci" appréciatif. Lorsque votre tasse de café chauffe, les récepteurs sensoriels de votre peau passent de vos lobes pariétaux à votre cortex sensoriel, et vous sentez la tasse détendue dans vos mains.

Maintenant, si vous vous souvenez que cette description détaillée avait pour but de montrer que vous utilisez bien plus que 10 % de notre cerveau, vous utilisez votre hippocampe, qui transforme la mémoire à court terme en mémoire à long terme, et votre cortex frontal, qui récupère ces souvenirs.

Supposons que vous trébuchiez en sortant de la librairie, que vous vous fracturiez le crâne et que vous soyez blessé au cerveau. Pouvez-vous imaginer le médecin vous disant avec enthousiasme qu'il a une bonne et une mauvaise nouvelle - la mauvaise nouvelle est que 90 % de votre cerveau est touché par l'implant et la bonne nouvelle est que vous ne l'utiliserez jamais dans les 90 % restants ? Bien sûr que non. Bien sûr que non. La vérité est que, chaque jour, vous utilisez presque toutes les parties de votre cerveau. La vraie question est : "Quelle part de vos capacités utilisez-vous ?" "La théorie du cerveau gauche-droit s'est probablement imposée dans les années 1800, lorsque des lésions d'un côté du cerveau entraînaient fréquemment la perte de certaines capacités. Cette théorie a été renforcée par les travaux du prix Nobel de médecine des années 1960, Roger Wolcott Sperry, sur les patients au "cerveau brisé". Pour tenter de réduire la gravité de l'épilepsie réfractaire de ses patients, le Dr Sperry a coupé le corps calleux et a diminué la fréquence et l'agressivité de leurs crises épileptiques. Le corps calleux (plus de deux millions de connexions nerveuses) relie les deux moitiés et constitue un dispositif de contact. Chez de nombreux patients, l'effet de la séparation du corps calleux et de ses voies nerveuses associées a considérablement diminué les crises, mais a également créé une condition curieuse : les deux hémisphères divisés fonctionnaient indépendamment, comme deux cerveaux dans un seul corps. Si la relation entre les deux hémisphères est rompue, toute nouvelle connaissance, tout nouvel aperçu ou apprentissage acquis par l'hémisphère gauche est absolument inconnu de l'hémisphère droit, et ce qui est appris par l'hémisphère droit est totalement inconnu de l'hémisphère gauche. Les deux hémisphères ne fonctionnant plus ensemble, c'était comme si les gens travaillaient avec deux esprits différents, avec souvent un effet Jekyll et Hyde. La recherche sur le cerveau divisé continue aujourd'hui à fournir des connaissances utiles sur l'intégration et la spécialisation des hémisphères. Heureusement, la majorité d'entre nous a refusé de subir une hémisphérectomie, de sorte que notre corps calleux reste intact et que nos deux hémisphères continuent de communiquer et de collaborer comme un seul homme.

Le multitâche permet de gagner du temps.

Dans notre chaleur harassante, "Il faudrait le faire hier !" Le temps est gagné par le multitâche.Nous nous efforçons de tirer le meilleur parti du temps dont nous disposons dans le monde, et il semble être une idée intelligente de faire plusieurs tâches. Le multitâche est la capacité de se concentrer sur deux activités ou plus et de les exécuter simultanément. Les neuroscientifiques disent qu'ils ne peuvent pas voir les choses dans votre cerveau lorsque vous effectuez des tâches spécifiques en temps réel. D'après ces études récentes, il semble que la fonction cognitive suivante ne puisse être exécutée qu'une fois la dernière terminée. Le cerveau traite les informations de manière séquentielle, une tâche à la fois, et le cerveau est donc obligé de passer d'une tâche à l'autre tout en essayant de se concentrer sur plusieurs éléments. Cela peut ne prendre que quelques millisecondes pour se retourner, mais ces millisecondes peuvent être vitales, selon la situation (pour invoquer l'un des exemples les plus dangereux, se concentrer sur une conversation téléphonique tendue).

Il semble que ce soit votre journée habituelle ? Vous êtes dans votre bureau et vous travaillez sur votre rapport de dépenses (tâche n° 1), vous surveillez votre patron, qui est en retard ce soir, vous prévoyez d'aller chercher un autre article, qui nécessite encore quelques tâches supplémentaires (tâche n° 2), et vous regardez la réaction de votre femme au changement de plan ce soir (tâche n° 3). Chaque fois que vous détournez votre attention de l'une de ces trois tâches vers une autre, le risque d'erreur double et vous sacrifiez également un temps précieux. Puis viennent les tâches non invitées - les interruptions qui s'ajoutent à vos nombreuses activités en cours. Dans son livre Brain Rules, le Dr

John Medina déclare : "Des études montrent qu'une personne interrompue met 50 % plus de temps à effectuer un travail" et "fait jusqu'à 50 % d'erreurs en plus." Alors, la prochaine fois que vous serez interrompu, dites-vous que ce n'est pas un problème car vous êtes un multitâche hors pair. Détrompez-vous !

La consommation d'alcool détruit les cellules du cerveau.

Imaginez cette scène : Tu es un adolescent, tout juste rentré d'un événement social passionnant organisé par tes pairs (oui, oui, tu as bu), avec la consommation d'alcool dans ton haleine. Vos parents se sont-ils assis et vous ont-ils dit : "Johnny, tu sais que tu ne devrais pas boire parce que l'alcool tue les cellules du cerveau" ? La plupart d'entre nous se souviennent peut-être de ce malheureux avertissement. Pourrait-il être vrai ? Cette action imprudente est-elle susceptible de provoquer un massacre neuronal intentionnel ? Peut-elle être suffisamment grave pour "chasser" les cellules du cerveau ? Même à l'époque, il était prouvé que nous avons des trillions de cellules cérébrales, on peut donc se demander si cette histoire est réelle. Quelle quantité d'alcool était ingérée par rapport au nombre de cellules détruites ? Nous avons également exploré ce sujet dans notre cours de biologie lorsque j'étais adolescente. Quelle quantité d'alcool peut-on consommer tout en restant alerte ? En somme, il nous fallait au moins assez de cellules cérébrales pour aller à l'université !

Comme nous avons été heureux d'apprendre que c'était une erreur ! L'alcool ne détruit pas les cellules du cerveau.

Mais ne soyez pas trop nerveux à l'idée de faire la fête. Bien que l'alcool ne détruise pas les cellules du cerveau, il risque de blesser excessivement les dendrites de vos cellules, perturbant ainsi leurs voies de communication. L'alcool semble être capable de tuer les divisions des cellules nerveuses, de ralentir la communication intercellulaire et d'interrompre des fonctions clés du cerveau, comme la croissance de nouvelles cellules. La perturbation de la croissance des nouvelles cellules est soupçonnée de déclencher des déficits à long terme dans l'hippocampe (siège de la mémoire à long terme) chez les buveurs modérés à lourds. Les dommages cellulaires peuvent être inversés si la consommation d'alcool est limitée, mais ce processus de réparation n'est pas toujours complet.

Néanmoins, certains médecins ne sont pas totalement opposés à l'alcool pour autant qu'il soit consommé avec modération. Lorsqu'un médecin utilise le terme "modéré" pour l'alcool, quelle quantité cela signifie-t-il ? Le Dr Andrew

Weil recommande aux buveurs modérés, du moins pour les moins de 65 ans, de ne prendre qu'un verre par jour pour les femmes et pas plus de deux verres par jour pour les hommes. Nous allons porter un toast à cette recommandation !

Vous ne pouvez pas répliquer ou faire pousser de nouvelles cellules cérébrales.

On sait que nous pouvions développer de nouvelles cellules dans d'autres parties de notre corps jusqu'à la fin des années 1980, mais pas dans le cerveau. En substance, cela signifie que nous sommes nés avec un petit nombre de neurones et que nous les possédons à vie. Ainsi, si les cellules de votre cerveau mouraient (ce qui arrive régulièrement) ou étaient endommagées ou tuées par une lésion cérébrale, on supposait que vous auriez à souffrir d'un épuisement des neurones pour le reste de votre vie.

La découverte bienvenue est alors venue que les adultes sont les heureux propriétaires d'un mécanisme appelé neurogenèse. La neurogenèse (qui signifie "né des neurones"), non seulement dans les phases prénatales du développement mais aussi à l'âge adulte, est responsable de la production de nouveaux neurones. La principale zone de neurogenèse se situe dans l'hippocampe, le centre de la mémoire et de l'apprentissage.

Vous voulez augmenter la neurogenèse du cerveau ? Faites plus d'exercice et diminuez votre stress, et vous serez satisfait de la naissance de vos nouveaux neurones fragiles.

les faits ou la fiction ?

Vous avez peut-être trouvé une ou deux surprises parmi ces mythes et ces malentendus. Mais ne vous blâmez pas : nous y croyons naturellement lorsque nous l'entendons encore et encore, surtout de la part d'autorités de confiance (comme les parents). Mais vous le savez mieux maintenant ! Allez-y et diffusez l'inférence.

Vaincre La Timidité Et Renforcer La Confiance En Soi

La timidité est la peur et la gêne que certaines personnes éprouvent lorsqu'elles approchent ou sont approchées par d'autres personnes. Ces personnes veulent interagir et s'associer avec d'autres personnes à un niveau social et passionnel. Dans tous les cas, cela leur paraît inconcevable car ils ne peuvent pas gérer l'anxiété qui accompagne la connexion humaine.

Il est impératif de préciser que la timidité n'est pas synonyme de contemplation. Les solitaires se sentent vraiment stimulés en investissant de l'énergie seuls et en faisant leur propre truc. Ils n'appréhendent pas les réunions sociales, mais ils veulent essentiellement être indépendants des autres. Les réunions sociales les canalisent vers l'intérieur, tandis que les activités solitaires renforcent et mettent en valeur leur inventivité.

Il est intéressant de noter que les personnes timides recherchent de toute urgence la reconnaissance et l'approbation des autres. Cela les rend incroyablement réticentes et craintives d'être jugées, moquées, mortifiées, humiliées et rejetées. Elles ont une image négative d'elles-mêmes et s'évaluent régulièrement, ainsi que leurs propres capacités, de manière contraignante. À vrai dire, en ce qui concerne les rencontres sociales, elles s'attendent à commettre des erreurs et échouent désespérément à s'associer aux autres à un niveau important. Leurs contemplations et leurs convictions peu utiles concernant leurs relations sociales les font se sentir très chancelantes. Mais l'une de leurs plus charmantes qualités - celle d'être un public avisé - est un élément indispensable de toute relation sociale importante.

Les effets négatifs de la timidité

Être accablé par la timidité n'est jamais utile pour votre développement et votre épanouissement social. Outre le fait qu'elle vous pousse à maintenir intentionnellement une distance stratégique par rapport aux rencontres sociales, elle peut également vous inciter à vous désengager, à vous apitoyer, à vous déprimer, à vous lamenter et à vous morfondre. En effet, chaque fois que vous vous tenez à distance d'une rencontre sociale, vous épuisez vos réserves d'intrépidité. En outre, moins vous avez d'assurance, plus vous êtes incertain de donner votre avis, de faire de nouveaux compagnons, d'exploiter les chances sociales pour faire progresser votre vocation ou accomplir vos objectifs idéaux.

Nous avons, dans l'ensemble, des objectifs et des buts que nous pouvons vouloir accomplir. Il est regrettable pour les personnes modestes que la plupart de ces objectifs nécessitent l'aide d'autres individus. Cela implique que, pour réaliser leurs objectifs, ils doivent se promener dans le monde et créer des associations sociales. S'ils n'y parviennent pas, ils finiront par mener une existence réelle, pleine de doutes et de garanties non satisfaites.

Ces résultats peuvent inciter à un comportement dangereux. Et puis, ça ne doit pas forcément être comme ça. Si la timidité coordonne actuellement vos choix et vos activités, il n'est pas trop tard pour mettre en place des améliorations significatives dès aujourd'hui. Le voyage, évidemment, ne sera pas simple, et il nécessitera un certain investissement et des efforts. Quoi qu'il en soit, avec l'envie de concrétiser ces améliorations et la promesse de revoir vos compétences sociales, vous pouvez incontestablement changer votre vie.

Étapes essentielles pour vaincre la timidité

Vaincre la timidité n'est pas une tâche facile. Ce n'est pas une procédure simple. Il y a de nombreuses angoisses et peurs dans le mélange, et à ce titre, vous pourriez avoir besoin de travailler à travers chacun d'eux exclusivement. Quoi qu'il en soit, comme pour tout ce qui en vaut la peine, vous gagnerez absolument du terrain si vous êtes diligent et suivez la procédure comme indiqué.

Voici la procédure en quatre étapes que vous pouvez utiliser pour vaincre la timidité :

1. Gagner en clarté

Votre première étape, absolue, consiste à comprendre ce que vous voulez accomplir. Vos objectifs idéaux doivent être extrêmement simples et clairs au départ. Par exemple, vous pouvez vous fixer comme objectif de poser une question à une personne extérieure. Après cette expérience sous-jacente, vous pourriez vous fixer comme autre objectif d'avoir une discussion de deux minutes avec une personne extérieure. À ce stade, vous fixeriez d'autres objectifs qui vous permettraient de faire des progrès significatifs.

Demandez-vous :

Quel est mon objectif principal ?

Qu'est-ce que je pourrais vouloir avoir la possibilité de faire socialement ?

Quel sera mon objectif sous-jacent ?

Comment puis-je commencer ?

Quels objectifs dois-je logiquement fixer pour atteindre mon but ultime ?

Peu importe votre objectif ; plus vous serez clair à son sujet, plus vous serez positif à l'égard des rencontres sociales. Évidemment, votre véritable objectif peut être d'interagir avec un système avec plusieurs personnes lors d'un événement d'administration de systèmes plus tard. Dans tous les cas, vous devrez incontestablement prendre de la vitesse de manière logique quelque temps avant cette occasion, sinon vous serez envahi par la peur et l'anxiété le jour J.

Après avoir identifié vos objectifs, vous devez maintenant identifier les obstacles qui vous empêchent de faire des progrès et d'aller de l'avant. Posez-vous la question :

Qu'est-ce qui m'empêche explicitement d'atteindre mon objectif principal ?

Quelle est mon opinion à ce sujet ?

En ce qui concerne la timidité, vos obstacles sont souvent psychologiques et internes. Il se peut que des styles de raisonnement peu utiles régissent vos idées, que vous ayez des convictions restrictives à l'égard d'un groupe social spécifique ou que vos désirs soient extrêmement limités pour le groupe social dans lequel vous vous trouvez. Il est important que vous soyez au clair avec chacun de ces obstacles avant d'aller de l'avant.

Demandez-vous :

A quoi est-ce que je pense exactement par rapport à cette situation sociale ?

Qu'est-ce que je me dis explicitement à propos de la rencontre sociale ou, potentiellement, de ma capacité à y faire face ?

En quoi le fait de me parler et de penser ainsi me nuit-il ?

Et ce en quoi je crois ?

Qu'est-ce que je crois à propos de cette situation sociale ?

Qu'est-ce que j'accepte de moi-même dans cette situation ?

Qu'est-ce que je m'attends à voir se produire lorsque j'entre dans cette situation sociale ?

Les réponses à ces questions vous permettront de comprendre en profondeur vos propensions mentales à l'égard de cet événement social spécifique. Plus votre clarté sur ces questions sera notable, plus vous aurez de chances de travailler efficacement sur ces détours.

1. Examinez vos hypothèses

Il est maintenant temps de prendre les réponses appropriées que vous avez étudiées précédemment et de commencer à tester vos soupçons. Nous nous attendons évidemment à ce que la façon dont vous envisagez cette réunion sociale spécifique ne soit pas terre à terre ou favorable, et à ce titre, il doit y avoir une méthode supérieure pour envisager ces situations potentielles. Examinez les résultats possibles en *vous demandant :*

Est-ce une façon pratique de voir les choses ?

Suis-je en train de négliger ou d'ignorer les réalités ?

Par quels autres moyens puis-je envisager cette situation sociale ?

Il est tout à fait possible que vous ne voyiez pas les choses clairement. Il se peut, en effet, que vous voyiez l'assemblée d'une manière ridicule et peu utile. Il est possible que vous soyez assis au-dessus de certaines choses et que cela vous fasse perdre confiance en vous, que vous soyez craintif et agité.

Si vous pensez qu'il est difficile de voir l'assemblée d'un autre point de vue, il est important que vous recherchiez les conclusions, les points de vue et les perspectives d'autres personnes. Trouvez un confident, un compagnon ou une compagne qui vous fait vous sentir bien et en sécurité, et demandez-lui son sentiment et son point de vue sur l'assemblée avec laquelle vous vous battez. Demandez-lui de vous aider à voir l'assemblée à travers ses yeux. Mettez-vous rationnellement à leur place pendant une minute et faites l'expérience de ce qu'ils rencontrent alors qu'ils se frayent un chemin dans ce rassemblement social.

Plus vous accumulerez de points de vue favorables à ce rassemblement social par vos propres investigations et en interrogeant d'autres personnes, moins vos convictions contraignantes et vos propensions à raisonner inutilement auront d'influence sur vos choix et vos activités. Quoi qu'il en soit, même si, après cela, vous vous sentez encore quelque peu réticent et hésitant, *posez-vous la question à ce moment-là :*

Quelle est la pire chose qui puisse arriver ?

Dans quelle mesure puis-je faire face à ce scénario catastrophe ?

Quel est mon plan ?

Qui pourrait m'aider à dépasser ça ?

Le pire qui puisse arriver n'est pas aussi terrible que vous le dépeignez. À vrai dire, le pire scénario se produira rarement. S'il se produit, vous serez préparé à tout ce qui se passera. Ceci en soi peut vous permettre d'obtenir la certitude importante dont vous avez besoin pour avancer vers la victoire sur vos sentiments de timidité.

1. Faites de petits pas.

Vous devriez maintenant être prêt à faire de petits pas réguliers, jour après jour, vers votre objectif final. Vous devez, bien entendu, commencer progressivement et prendre de la vitesse après un certain temps. C'est important. Si vous vous lancez trop tôt, vous risquez d'augmenter rapidement votre niveau d'anxiété et, par conséquent, de vous replier sur vos habitudes. Pour éviter cette situation, fixez-vous des objectifs raisonnables.

Que vous ayez fait ou non l'effort de vous préparer complètement à cette rencontre sociale, il est raisonnable de s'attendre à ce que vous vous sentiez un peu à cran et à ce que des difficultés surprenantes surgissent. Ce n'est pas grave. C'est normal de se sentir agité. L'anxiété vous permettra d'élever votre degré de préparation. À vrai dire, tout ce que vous accomplissez juste parce que, ou même ce que vous n'avez pas accompli depuis longtemps, est souvent chargé d'anxiété et quelque peu tendu.Ces rencontres enthousiastes finiront par passer. Cela prendra un certain temps, et vous devriez augmenter votre implication. Plus vous acquerrez d'expérience, plus vous serez confiant pour aller de l'avant.

Lorsque vous prévoyez de progresser quotidiennement vers votre objectif final, faites un effort pour réfléchir aux points suivants :

Qu'est-ce que je vais particulièrement faire socialement aujourd'hui ?

Par quels moyens vais-je y parvenir ?

Où vais-je le faire exactement ?

Qui sera peut-être là ?

Dans quelle mesure vais-je le faire ?

Lors de l'élaboration de votre stratégie, il est absolument fondamental que vous réfléchissiez à chacune de ces questions. Ces questions vous permettront d'être tout à fait certain des petites avancées nécessaires pour arriver à votre véritable objectif. Par exemple, vous pouvez vous rendre dans un magasin général et demander à trois inconnus ce qu'il y a dans leur panier. Vous ferez cela dans le passage réservé aux achats, et vous collaborerez avec chaque individu pendant 30 à 60 secondes.

Lorsque vous avez atteint votre objectif du jour, récompensez-vous et prévoyez de faire un autre pas en avant, en poussant encore plus loin le jour suivant. Néanmoins, soyez sûr que demain vous ferez un peu plus. Peut-être que demain, vous parlerez à cinq personnes et leur poserez quelques questions sur ce qui se trouve dans leur panier d'achat. Vous pourriez même vous fixer comme objectif de converser avec eux pendant 90 secondes d'affilée.

Comme mentionné dans les pages précédentes, des choses soudaines et inattendues se produiront. Les individus ne seront généralement pas réceptifs à vos questions. Certaines personnes peuvent être pressées et préférer ne pas engager de conversation avec des étrangers. D'autres personnes peuvent avoir eu une journée extrêmement pénible, et par conséquent, elles peuvent être inconsidérées ou ne pas tenir compte de vous tous ensemble. Essayez de ne pas considérer cela comme une attaque individuelle. Ces personnes ne vous cherchent pas. Ils ont juste eu une mauvaise journée et ont été inconsidérés, et de temps en temps, la perniciosité est une méthode utile pour évacuer une certaine tension. Ignorez simplement ces personnes. Partez et découvrez une autre personne avec laquelle vous pouvez interagir.

1. **Tirez les leçons de votre expérience.**

Le dernier avantage de cette procédure est de tirer profit de votre expérience. Vous pouvez ainsi rentrer chez vous après avoir fait vos courses à l'épicerie du coin et vous asseoir avec un crayon et un coussin pour élaborer vos considérations, vos sentiments et vos perceptions. En vérité, voici quelques questions que vous pourriez apprécier de vous poser sur votre expérience :

- Comment ça s'est passé aujourd'hui ?
- Ai-je réalisé ce que j'avais prévu de faire ?

- Qu'est-ce qui a bien marché pour moi ?
- Sur quoi suis-je tombé ?
- Quelles difficultés surprenantes ai-je rencontrées ?
- Comment pourrais-je faire face à ces difficultés ?
- Par quelle autre méthode aurais-je pu faire face à ces difficultés ?
- Qu'est-ce que j'aurais pu faire différemment si cela s'était reproduit ?
- Que vais-je faire différemment demain ?
- Qu'est-ce que je pourrais améliorer demain ?

Les questions que vous pouvez vous poser sont nombreuses. Idéalement, ces questions peuvent vous inciter à vous lancer.

Le plus important, cependant, est d'assimiler les exercices de l'expérience d'aujourd'hui, puis de présenter ces exercices dans celle de demain. C'est la principale façon d'apprendre, de développer et de gagner du terrain pour vaincre la timidité.

Préparez-vous à des situations sociales.

Il existe de nombreuses choses que vous pouvez faire chaque jour et qui vous permettront de vous sentir plus positif, plus sûr de vous et plus confiant lorsqu'il s'agit de vous placer dans des situations sociales.

Passons en revue certains de ces éléments de manière un peu plus détaillée :

Fortifier ou renforcer votre physiologie

L'utilisation de votre corps affecte la façon dont vous vous sentez. Ce que vous ressentez influe sur vos perceptions, qui, à leur tour, influent sur les choix que vous faites et les actions qui en découlent.

Au moment où, d'un point de vue modeste, vous serez généralement réticent, vous prendrez les choses de manière superficielle, et vos développements seront étonnamment attentifs. Comment allez-vous régulièrement gagner du terrain sur le plan social si vous abordez les rencontres sociales de cette manière ?

Plutôt que d'être timide, soyez certain. Pour être honnête, votre certitude est une contrefaçon. Avez-vous déjà entendu la maxime "counterfeit it till you make it" ? Tout bien considéré, vivre selon cette maxime peut être assez utile. Par conséquent, au lieu de bouger votre corps comme un individu timide, efforcez-vous de bouger votre corps comme si vous étiez certain et bien dans votre peau.

Demandez-vous :

- Comment un individu confiant peut-il bouger son corps ?
- Comment un individu confiant peut-il se tenir debout ?
- Comment un individu confiant peut-il s'asseoir ?
- Comment un individu confiant peut-il se comporter dans les rassemblements sociaux ?
- Et les expressions faciales ?
- A quoi peuvent-ils ressembler ?

Les réponses à ces questions vous donneront les règles à suivre pour procéder à des ajustements importants de votre physiologie. Il ne suffit pas de savoir ces choses ; vous devez également faire un effort pour vous préparer et travailler à vous déplacer sans hésitation dès le début, aussi bien seul qu'avec d'autres personnes. Si vous avez besoin d'aide, fermez simplement les yeux et imaginez dans votre esprit créatif que vous êtes sûr de vous lors des rencontres sociales. Quel que soit le résultat, ne vous arrêtez pas là. En outre, imaginez que vous êtes courageux, curieux, persévérant et plein d'espoir. Ces qualités contribueront à modifier votre physiologie et vous aideront à aborder les rencontres sociales avec indéniablement plus de certitude et de confiance.

Au début, ces progressions vous sembleront peu naturelles et contraignantes. Quoi qu'il en soit, au bout d'un certain temps, vous augmenterez réellement votre certitude, et c'est à ce moment-là que vous n'aurez plus jamais l'impression de bouger ou d'agir de manière anormale. Dans les situations sociales, votre certitude deviendra essentiellement une partie de qui vous êtes.

Restez calme sous la pression.

Vous vous sentirez incertain et anxieux à un moment ou à un autre lors des rencontres sociales.Il est naturel de se sentir submergé par l'anxiété.Quoi qu'il en soit, il ne devrait pas en être ainsi tant que vous vous préparez à l'avance.

Apprenez tout ce que vous pouvez sur la manière de garder vos sentiments et vos émotions à l'esprit, de vous recueillir et de rester calme dans des situations stressantes. Il s'agit essentiellement de développer les importantes capacités d'adaptation enthousiastes dont vous aurez besoin lorsque vous serez scruté, rejeté ou que vous ferez des faux pas ou des erreurs en société.

Vous devez affronter le fait que vous serez rejeté et que vous commettrez des erreurs. Il est important de ne pas insister sur ces choses. Ce sont des éléments de la vie, ainsi que des éléments de développement et d'amélioration. Tirez-en profit et allez de l'avant. Votre passé n'est là que pour vous permettre de faire de meilleurs choix plus tard, et non pour vous faire perdre espoir en vous maintenant.

Il existe de nombreuses choses que vous pouvez faire pour rester engagé, concentré et conscient de la minute présente. L'une de ces procédures s'appelle le "déroulement dynamique des muscles". Elle peut être utilisée de temps en temps pour aider à calmer votre corps et à concentrer votre esprit. Elle consiste à relâcher logiquement chaque muscle de votre corps, en commençant par les orteils et en terminant par le sommet de votre tête. Il suffit de fermer les yeux pendant quelques minutes et de regarder un flot de vitalité apaisante s'écouler de la terre vers vos orteils et vers le haut de votre corps.

Pendant ces minutes, vous attirez mon attention sur le présent. Vous ne considérerez plus jamais ce que les autres vont penser, dire ou faire. Au contraire, vous vous concentrerez sur la conscience d'exister en dehors de tout le reste. C'est également ce qui vous aidera à calmer vos émotions, vous permettant de rassembler vos pensées et de traverser la réunion sociale avec beaucoup moins de passion.

Éviter la perfection

L'irréprochabilité n'existe pas. Vous ne serez jamais irréprochable. Vous pouvez simplement faire de votre mieux, et votre mieux donnera des résultats totalement différents selon le jour et la réunion sociale dans laquelle vous vous trouvez.

Lorsque vous faites des erreurs, essayez de ne pas vous compliquer la vie. Les erreurs sont une partie typique et caractéristique de la vie. Chaque étape du processus d'apprentissage exige un certain investissement, de la persistance, de l'engagement et des efforts. À la longue, vous arriverez, et vous ne serez pas immaculé. C'est tout à fait normal. Personne n'est irréprochable, quelle que soit l'apparence superficielle des choses.

Ne vous comparez pas aux autres.

Vous comparer à d'autres individus lorsque vous manquez de certitudes ne fera que vous décourager et vous faire sentir totalement désespéré. Contrastez-vous plutôt avec autant de choses que possible. En outre, comme on peut s'y attendre, elle se distinguera à diverses occasions. Tout ce que vous pouvez faire, c'est essayer de faire de votre mieux et, ensuite, tirer parti de cette expérience pour vous améliorer chaque fois que l'occasion se présentera.

Essayez de ne pas vous étiqueter comme timide.

Vous qualifier de timide vous amènera souvent à agir modestement. Décrivez-vous plutôt comme certain, enthousiaste et intentionnel dans vos activités. Si vous vous aventurez constamment dans ce monde, vous êtes en mission. Il y a une véritable raison et une explication à chacune de vos activités. Vous avez des objectifs à atteindre et des activités à entreprendre, et la coopération avec les autres sur le plan social n'est qu'un aspect de vos responsabilités.

Gardez à l'esprit que les notes que vous vous attribuez sont simplement des convictions. Parfois, ces convictions sont de votre propre fait, alors qu'à d'autres occasions, elles dépendent des désirs d'autres personnes à votre égard. Par exemple, d'autres personnes peuvent vous avoir révélé plus d'une fois que vous êtes modeste. Au départ, vous ne vous êtes probablement pas nommé ainsi. Néanmoins, au bout d'un certain temps, alors qu'un nombre toujours plus grand d'individus vous ont marqué comme timide, vous avez commencé à l'accepter, et votre nature réfléchie sous-jacente s'est transformée en une phobie sociale qui s'immisce dans votre vocation.

Si vous avez beaucoup de convictions restrictives qui vous font vous considérer comme un individu timide, à ce moment-là, travaillez sur ces convictions sans l'intervention de personne d'autre ou parlez-en avec quelqu'un. Demandez à un compagnon proche et de confiance d'examiner cette conviction afin de vous aider à vous interroger sur la légitimité d'accepter et de penser de la sorte.

S'informer

Investissez de l'énergie et du temps pour apprendre à améliorer vos compétences sociales, votre capacité à gérer les conflits et votre comportement social. Découvrez ce que vous devez faire pour devenir de plus en plus confiant et sûr de vous. En outre, familiarisez-vous avec l'instinct humain et la communication non verbale (langage corporel).

Ces compétences vous aideront à améliorer votre compréhension des circonstances sociales. En outre, elles peuvent vous aider à acquérir l'assurance nécessaire pour résoudre efficacement les problèmes sociaux.

des idées importantes pour prendre des mesures proactives et positives

Lorsque vous avez fait toute la préparation, vous êtes actuellement prêt à vous aventurer dans ce monde et à commencer à interagir avec des individus à un niveau social. Cela ne signifie pas que vous n'êtes plus dans les bois et que vous ne retomberez pas dans vos anciennes habitudes. Cela pourrait se produire, et vous devez donc vous préparer à cette probabilité. Ce que cela signifie, c'est que vous êtes prêt à continuer à faire des progrès dynamiques qui vous permettront d'acquérir la certitude dont vous avez besoin pour avancer efficacement dans ce monde social.

Voici quelques idées de base qui vous permettront de créer l'élan dont vous avez besoin pour vaincre votre timidité :

Faites l'effort de rencontrer de nouvelles personnes.

Chaque fois que vous sortez du lit, faites la promesse de sortir et de rencontrer de nouveaux individus. Cela ne signifie évidemment pas que vous devez faire un effort supplémentaire pour faire connaissance avec une autre personne. Cela ne devrait pas être aussi difficile. Au contraire, lorsque vous vous rendez dans le magasin de votre quartier pour faire quelques achats, conversez avec le représentant ou avec un autre client. Lorsque vous promenez votre chien, souriez à une personne extérieure et demandez-lui comment s'est passée sa journée. Ou, si vous êtes au centre de loisirs, portez-vous volontaire pour aider quelqu'un à faire de l'exercice, ou demandez à quelqu'un de plus intéressant de vous donner quelques conseils et astuces pour vous aider à améliorer votre système d'exercice.

Rencontrer de nouveaux individus est simple et peut être très facile, même si vous n'avez pas l'intention de faire des efforts supplémentaires. Dans un autre cas, vous devriez, en tout cas, essayer de vous échapper de la maison. Vous pouvez tout simplement rencontrer de nouveaux individus sur la planète en dehors des limites de votre salon.

Recherchez des modèles positifs.

Normalement, les individus font l'effort de chercher de l'aide auprès de personnes certaines et socialement dynamiques. Utilisez-les comme modèles positifs pour vous aider à conserver votre confiance dans les situations sociales.

Le fait d'avoir des compagnons socialement cordiaux vous incitera à sortir plus fréquemment et à entrer en contact avec les autres. Ces personnes ne vous fourniront pas seulement un modèle authentique à suivre, elles vous présenteront également d'autres personnes investies de la même manière qui pourront faire partie de votre groupe de personnes encourageantes.

Voyez tout comme une expérience d'apprentissage.

Peu importe ce qui vous arrive, considérez-le comme une expérience d'apprentissage.

Les choses ne se passeront pas comme vous l'aviez prévu. Pour être honnête, les choses peuvent parfois se révéler bien pires que ce que vous aviez prévu. Et c'est tout à fait normal. Peu importe ce qui vous arrive, tant que vous utilisez cette expérience pour vous permettre de vous développer, de créer et de vous améliorer par la suite.

Directives pour la socialisation

Cependant, il y a de grandes choses que vous pouvez faire qui vous permettront de créer des relations significatives et plus profondes avec d'autres individus.

Tout d'abord, lors de vos rencontres, essayez de sourire autant que possible. Souriez du fond du cœur en vous mettant à l'écoute des gens. Votre sourire les fera se sentir de mieux en mieux et, de la même manière, ils se montreront de plus en plus réceptifs à votre égard et aux questions que vous leur poserez.

La chose qui est d'autant plus dominante qu'un sourire est le centrage, la considération et le contact visuel que vous donnez à une autre personne lorsque vous lui parlez. Un bon contact visuel ne signifie pas qu'il faille fixer l'autre personne. Vous devez faire preuve de délicatesse dans votre regard et montrer à votre interlocuteur que vous êtes attentif à ce qu'il dit.

Il est également important de poser des questions ouvertes. Les questions ouvertes sont des questions qui permettent plus qu'une réponse par "oui" ou par "non". Ces questions sont fréquemment posées et permettent d'approfondir la discussion. Elles amèneront l'autre personne à parler de sa vie, de ses problèmes et de ses conditions de manière captivante et surprenante. De même, lorsque vous les avez amenés à discuter d'eux-mêmes, continuez à poser des questions beaucoup plus ouvertes afin de stimuler la discussion.

En conclusion, concentrez-vous sur votre utilité. Un grand nombre de personnes ne font que réfléchir à elles-mêmes et à leurs problèmes. Il est rare de trouver quelqu'un qui écoute attentivement vos problèmes et qui propose ensuite des solutions. Aidez en offrant des conseils ; aidez en partageant vos rencontres ; aidez en leur faisant connaître quelqu'un qui pourrait très probablement les aider ; aidez en partageant une déclaration motivante ; aidez en leur donnant le titre d'un guide d'auto-assistance ; et ainsi de suite. Il existe de nombreuses façons d'aider. Soyez simplement disponible pour des possibilités infinies.

N'analysez pas trop les situations.

Gardez à l'esprit qu'il est important de ne pas prendre les choses au pied de la lettre. Tout le monde a ses mauvais jours, et certaines personnes sont tout simplement impolies, peu soucieuses des autres et grincheuses. Indépendamment de ce que font ces personnes et si cela fait une différence dans leur réaction à votre égard, ne prenez pas les choses au pied de la lettre.

Il est également important de ne pas essayer de trop investiguer le rassemblement en expliquant comment et pourquoi les choses se sont passées comme elles l'ont fait. Perdre tout sens de l'orientation dans ce genre de subtilités ne fera qu'anéantir vos efforts. Concentrez-vous plutôt sur le fait d'aller de l'avant et de renforcer votre niveau de confiance par une pratique et des efforts constants.

Plus vous interagissez avec un étranger, plus vous serez confiant. L'expérience que vous aurez acquise contribuera à diminuer votre anxiété et, après un certain temps, vous obtiendrez le niveau de confiance nécessaire pour établir une conversation avec un inconnu sans trouble émotionnel ni grand effort.

Faites du bénévolat et rejoignez des groupes.

Il n'y a probablement pas de meilleure méthode pour vaincre la timidité à ce moment-là que de rejoindre un rassemblement de personnes similaires qui partagent vos intérêts. Par exemple, vous pouvez rejoindre un rassemblement de loisirs, un club de lecture ou un groupe d'échange dans votre voisinage. Le fait de participer à ces rassemblements vous donnera l'occasion de commencer à vous sentir de plus en plus sûr de vous lors des rencontres sociales.

En supposant que vous ayez besoin de passer à la vitesse supérieure, vous aurez peut-être l'occasion de vous joindre à une organisation communautaire ou à une petite maison de création où l'on vous demandera de perfectionner vos talents d'acteur. Si cela vous met mal à l'aise, Toastmasters est un autre choix incroyable. Toastmasters est une association de discussion ouverte. Elle est destinée aux orateurs débutants, intermédiaires et avancés qui veulent améliorer leur spécialité.Cela dit, elle ne s'adresse pas seulement aux orateurs. C'est pour toute personne qui a besoin d'améliorer ses certitudes.

Ce qu'il y a de formidable avec Toastmasters, c'est que vous pouvez vous joindre à n'importe quel moment et qu'il n'y a aucune obligation de participer. Asseyez-vous et regardez d'abord d'autres personnes surmonter leurs appréhensions à l'égard de la parole ouverte, et ensuite, lorsque vous êtes prêt, participez à votre propre rythme.

Vous aurez non seulement l'occasion de vous exprimer dans le cadre d'un groupe, mais aussi d'interagir avec d'autres personnes investies de la même manière, à un niveau individuel.

En résumé, les meilleures situations pour interagir avec d'autres personnes sont celles dans lesquelles vous donnez de votre temps pour une cause valable.L'aspect extraordinaire de cette décision est que votre travail (le temps que vous donnez) devient votre aire de jeu d'apprentissage social.Personne ne va vous juger, personne ne va vous blâmer ou vous critiquer. L'aspect extraordinaire de cette décision est que votre travail (le temps que vous consacrez au bénévolat) devient votre espace de jeu pour l'apprentissage social.

Comme cela devrait être évident, il existe de nombreuses portes ouvertes pour vous permettre de vaincre la timidité. Prenez-les, utilisez-les et saisissez-les. Il existe un monde chargé de résultats et de potentiels concevables. Il ne tient qu'à vous de le saisir avec zèle et avec un grand sourire sur le visage.

Laissez la timidité derrière vous et saisissez une vie progressivement positive, énergisante et sans précédent.

Conclusion

Vous pensiez peut-être que c'était un organe inconstant avant de lire ce roman. Elle semblait s'effacer au hasard. Mais le pire, c'est que vous aviez le sentiment impuissant de ne rien pouvoir faire pour garantir ou renforcer son exactitude.

Après avoir lu ce livre, j'espère que vous vous rendrez compte que vous disposez d'une multitude de méthodes pour l'améliorer. On vient de vous en présenter quelques-unes. Examinez-les. Prenez-les. Mélangez-les et associez-les. Mélangez-les et associez-les. Prenez votre temps. Prenez votre temps. Quelles que soient les méthodes que vous choisissez, gardez à l'esprit que vous pouvez ressentir les effets positifs de vos décisions pendant un certain temps.

Que vous choisissiez d'adapter votre mode de vie, de modifier vos habitudes alimentaires ou même de changer votre environnement, vous êtes sûr d'apprendre quelque chose. Vous découvrirez que même les plus petites améliorations dans votre vie stimuleront considérablement votre mémoire.

Peut-être tentez-vous un mélange de stratégies, une de chaque groupe. Peut-être croyez-vous que votre régime alimentaire vous déséquilibre mentalement. Et vous n'essayez que quelques-unes des stratégies du chapitre sur le régime.

Quel que soit votre choix, sachez qu'il est possible d'améliorer votre mémoire. Avant de commencer à lire ce livre, vous avez peut-être conclu que votre capacité de mémorisation ne pouvait être améliorée qu'au moyen de stratégies qui soit vous coûtent de l'argent, soit vous demandent de consacrer beaucoup de temps et d'énergie à des améliorations substantielles dans votre vie.

Qui aurait cru qu'il serait aussi facile de charger sa mémoire qu'ajouter un complément alimentaire à son régime ou consommer une ou deux pommes par jour ? Il vous suffit peut-être de modifier légèrement votre décor - ou simplement d'organiser votre maison et de la déverrouiller. Si vous pensez que cette stratégie est la bonne pour vous, la performance vous plaira certainement. Et avec un peu de chance, si vous vous sentez étonnamment sûr de vous en utilisant une ou deux stratégies, vous ne pourrez que jouer avec des moyens encore meilleurs de les rappeler.

Félicitations ! Merci ! Vous êtes sur la voie d'une nouvelle mémoire surpuissante.

Lightning Source UK Ltd.
Milton Keynes UK
UKHW010639020123
414708UK00014B/731

9 798215 645482